Petra und Wolfgang Hölzel

Fahren lernen leicht gemacht mit mentalem Training

EDITION*pferd*

Petra und Wolfgang Hölzel

Fahren lernen leicht gemacht
mit mentalem Training

Grundlagen • Methodik • Ausrüstung • Wettbewerb

der Deutschen Reiterlichen Vereinigung GmbH

Die Deutsche Bibliothek - CIP-Einheitsaufnahme

Fahren lernen leicht gemacht mit mentalem Training: Grundlagen, Methodik, Ausrüstung, Wettbewerb / Petra Hölzel; Wolfgang Hölzel. - Warendorf: FN-Verl. der Dt. Reiterlichen Vereinigung, 1997
  (Edition Pferd)
  ISBN 3-88542-290-5

NE: Hölzel, Petra; Hölzel, Wolfgang

© 1997 **FN***verlag* der Deutschen Reiterlichen Vereinigung, Warendorf.
Alle Rechte vorbehalten.
Nachdruck oder sonstige Vervielfältigungen, auch auszugsweise, nur mit schriftlicher Genehmigung des Verlages.

Fotonachweis für Umschlag und Inhalt:
1. Umschlagseite oben: Werner Ernst, Ganderkesee; 1. Umschlagseite unten links und rechts: Waltraud E. Bischof, Meckenbeuren;
4. Umschlagseite: beide Fotos Heiner Wienkamp, Oberlangen;
Seite 8: Jean Christen, Mannheim; Seiten 11, 19, 39, 43, 46 u. 129: Dr. Wolfgang Hölzel, Sassenberg; Seiten 117, 118, 119: entnommen aus Richtlinien Band 5, Fahren, 4. Auflage 1991; Seite 136: Waltraud E. Bischof, Meckenbeuren; Seite 141: privat Ewald Meier, Meißenheim.

Zeichnungen: Renate Blank, Wien.

Umschlaggestaltung: Medium GmbH, Beelen.

Gestaltung: mf graphics, Marianne Fietzeck, Gütersloh.

Digitale Bogenmontage, Druck und Verarbeitung: IDS, Informations- und Digitalisierungs-Service GmbH, Paderborn.

ISBN 3-88542-290-5

Inhalt

Inhaltsverzeichnis

Einleitung 7

1. Mentales Training
1.1 Was ist mentales Training? 9
1.2 Die sechs wichtigsten Fertigkeiten für mentale Steuerung 13
1.3 Übungen, die auch ohne Gespann möglich sind 20

2. Die Anfänge
2.1 Warum fahren? 40
2.2 Vorüberlegungen 42
2.3 Das Fahrlehrgerät 46

3. Fahrerische Grundlagen
3.1 Leinenhaltungen 49
3.2 Verkürzen und Verlängern der Leinen 53
3.3 Stimme und Peitsche 57
3.4 Lerntips 61

4. Vor und nach dem Fahren
4.1 Auf- und Ausschirren 65
4.2 Abmessen der Leinen und Auf- und Absteigen 76
4.3 An- und Ausspannen 79
4.4 Lerntips 84

5. Fahren auf geraden Linien
5.1 Anfahren, Antraben und Durchparieren 86
5.2 Rückwärtsrichten 88
5.3 Lerntips 89

6. Fahren von Wendungen
6.1 Links- und Rechtswendungen 91
6.2 Kehrtwendungen 94
6.3 Wendungen mit einer Hand 97
6.4 Lerntips 99

7. Die Ausrüstung des Pferdes
7.1 Geschirrarten und Verpassen des Geschirrs 102
7.2 Leinen für Ein- und Zweispänner 107
7.3 Fahrzaum und Gebisse 113
7.4 Pflege 115

8. Der Wagen
8.1 Wagenarten 117
8.2 Bestandteile und Kriterien 120
8.3 Pflege 128

9. Fahren im Gelände und im Straßenverkehr 130

10. Ausblick: Fahren in Prüfungen und Wettbewerben 137

11. Anhang
11.1 Bestimmungen zum Erwerb eines Fahrerabzeichens 142
11.2 Stichwortverzeichnis 148
11.3 Literaturhinweis 152

Einleitung

Liebe Leserinnen und Leser,

unser letztes Buch, „Mentales Training für Reiter", hat bei Amateuren und Berufsreitern, bei Hobbyreitern und Hochleistungssportlern, bei Schülern und Lehrern ein außergewöhnlich positives Echo gefunden. Die Tatsache, daß dieses Buch bereits im Jahr 1995, also im Jahr seines ersten Erscheinens in Deutschland, ins Englische übersetzt wurde, spricht für das internationale Interesse an dieser Trainingsmethode. Auch die große Nachfrage nach Seminaren über dieses Thema zeigte uns, daß die Übertragung des mentalen Trainings auf den Pferdesport als sehr hilfreich und wirkungsvoll empfunden wird.

Weit über die Disziplin des klassischen Reitsports hinaus hat die neue pferdefreundliche Trainingsmethode inzwischen auch bei den sogenannten alternativen Reitarten, wie Island- und Westernreiten, großen Anklang gefunden.

Bei einem Fortbildungsseminar im DOKR Bundesleistungszentrum in Warendorf, an dem Landestrainer für Fahrer aus ganz Deutschland teilnahmen, referierte einer der Autoren über dieses Thema und stieß damit auf reges Interesse. Es war unzweifelhaft, daß das mentale Training als eine bedeutende Hilfe sowohl für Freizeit- als auch für Turnierfahrer erkannt und akzeptiert wurde.

Für all diejenigen, die sich der schönen Sportart des Fahrens zuwenden möchten, wird dieses Buch eine wertvolle Hilfe sein. Es will einen einfachen und zudem pferdeschonenden Weg aufzeigen, wie das nötige Wissen und die erforderlichen Fertigkeiten für den Fahrsport erworben werden können.

Das Buch ist in erster Linie für den Anfänger und Hobbyfahrer geschrieben, wird aber auch dem fortgeschrittenen Leistungssportler Tips und Anregungen geben – und das nicht nur im Kapitel „Fahren in Prüfungen und Wettbewerben".

An dieser Stelle danken wir dem Bundestrainer, Ewald Meier, sowie den Fahrlehrern Hans Hütt und Johannes Silling für ihre wertvolle Hilfe bei der Entstehung unseres Buches.

Der Text ist so geschrieben, daß du ihn nicht systematisch von Anfang bis Ende oder gar in einem Durchgang lesen mußt. Blättere das Buch zuerst einmal durch, laß dich durch die Skizzen und Fotos anregen, da oder dort etwas anzulesen. Vielleicht spricht dich ja die eine oder andere Randbemerkung oder einer der Merksätze an, so daß du dir vornimmst, später die Stellen gezielter nachzulesen, die dich interessiert haben. Hol dir also aus dem Buch heraus, was du gebrauchen kannst, was interessant für dich ist und was dir Freude macht.

Wir wünschen dir, daß auch du von unseren Erfahrungen profitierst und dich ebenfalls von einer Methode faszinieren läßt, die das Lernen zu einem Erlebnis macht und die auch auf andere Lebensbereiche übertragbar ist. Vor allem aber möge sie dir, gemeinsam mit dem Partner Pferd, in deiner Sportart beständige Erfolgserlebnisse und damit Erfüllung und Freude bringen.

Bundestrainer Ewald Meier, der das Manuskript dieses Buches durchgesehen und die Darstellungsweise zum Einstieg in den Fahrsport positiv beurteilt hat.

Kapitel 1

Mentales Training

1.1 Was ist mentales Training?

Mentales Training ist eine **Lern- und Lehrmethode**, durch die wir körperliche Leistungen über mentale (geistig-seelische) Vorgänge, also über Kopf und Gefühl, maßgeblich steuern und verbessern können. In anderen Sportarten sind mit Hilfe dieser Methode während der letzten Jahre verblüffende Erfolge erzielt worden.
Manch ein Sportreporter kommt ohne das Modewort *„mental"* schon gar nicht mehr aus! Da hören wir, daß ein Tennisspieler heute „mental nicht gut drauf" sei, daß ein Sprinter einen „mentalen Durchhänger" hatte oder ein Skiläufer vor allem mental an sich arbeiten müsse. Mental wird hier in dem Sinne verwandt, daß nicht allein die Kondition, sondern innere Einstellung, Konzentration, Selbstbewußtsein und Siegeswillen, also seelisch-geistige Fähigkeiten, den letzten Ausschlag für Sieg oder Niederlage geben.
Erfolgreiche Sportler haben sich die Methode des mentalen Trainings schon immer zumindest instinktiv zunutze gemacht. Der Tennisspieler, der mit geballter Faust einen gelungenen Ball quittiert, stachelt sich selber an, so weiterzumachen. Wenn er nach einem mißlungenen Schlag diesen ohne Ball wiederholt und dabei korrigiert, wendet er – *bewußt oder unbewußt* – die Methode des mentalen Trainings an. Die angestrengte **Konzentration** von Sprintern, Skiläufern, Weit- oder Hochspringern, Schwimmern und Eiskunstläufern vor dem Start ist deutlich auf ihre Gesichter geschrieben: Das ist nicht erst der Fall, seit es den Begriff des mentalen Trainings gibt. Auch ein sehr erfolgreicher Boxer, der sich als den „Größten" bezeichnete und damit nicht nur seine Gegner einschüchtern wollte, sondern sich selbst zu Höchstleistungen anstachelte, tat das wohl eher instinktiv als methodisch überlegt.
Auf **Fahrturnieren** kann man immer wieder beobachten, wie gerade erfolgreiche Fahrer vor dem Hindernisfahren in absoluter Konzentration den Parcours noch einmal durchgehen, der eine mit dem Finger auf die einzelnen Hindernisse zeigend, der andere mit geschlossenen Augen das Einfahren zum Start abwartend. Mit geschlossenen Augen, sekundenlang verharrend, sieht man auch manchen großen Fahrer vor dem Dressurviereck; der andere zieht sich vor dem Start in einen stillen Winkel, sein Auto oder den Hänger zurück und ist für niemanden ansprechbar.

Kapitel 1

Erfolgreiche Fahrer haben gelernt, sich vor dem Start zu konzentrieren und in Gedanken die bevorstehenden Aufgaben durchzugehen.

Mentales Training ist also an sich nichts grundlegend Neues. Es wurde von den Erfolgreichen schon immer instinktsicher angewandt. Neu ist die Entdeckung, daß es **systematisch erlernbar** und dadurch für jeden zugänglich ist, der bereit ist, sich diesem Lernprozeß zu unterziehen. Für jeden: das heißt eben auch für den Amateur, den Hobby- und Freizeitfahrer, dem es nicht in erster Linie um Erfolge geht. Oder sagen wir besser: nicht um äußerlich meßbare Erfolge. Denn bessere und schnellere Erfolge beim Erlernen des Fahrens bedeuten auch mehr Freude an dieser Sportart. Mentales Training ist zweifellos ein Schlüssel zum Erfolg für den Leistungssportler. Es ist aber nicht zuletzt ein Gewinn für jeden Fahrer.

erfolgreich **Mentales Training ist ein Schlüssel zum Erfolg und auch für den Amateur- und Freizeitfahrer systematisch erlernbar!**

Durch die Schulung deines Körpergefühls z.B. empfindest du die einzelnen Hangriffe bewußter und nachaltiger. Du lernst, dich einzufühlen und deine Griffe immer korrekter und feiner abzustimmen. Weil du gelernt hast, dein Handeln über den Kopf zu steuern, wirst du Fortschritte erzielen, die dir Freude machen und gar nicht unbedingt durch Turniererfolge bestätigt werden müssen.
Mentales Training wird – wie jedes andere Training auch – nur dann effektiv sein, wenn du es langfristig und intensiv ausprobierst und einübst. Wenn du erst kurz vor einer Prüfung oder einem Wettbewerb

Mentales Training

Langfristiges, intensives Üben mit mentalem Training führt zu sicherem Können, Freude und Erfolg.

damit beginnst, kannst du kaum eine durchschlagende Wirkung erwarten.

Langfristig angesetzt, verschafft es dir große Vorteile beim Lernen, Einüben und bei der Teilnahme an Wettbewerben: Die Schulung der Bewegungsvorstellung ermöglicht es dir, über den „inneren Film" Bewegungen ablaufen zu lassen, so oft und wann immer du es willst. Du solltest alle Handgriffe selbstverständlich so oft wie möglich vorher am Fahrlehrgerät üben.

Wichtig ist, daß mentales Training es dir ermöglicht, die Bewegungsvorstellung mit dem Gespann immer wieder und mit allen realistischen Einzelheiten vor das Auge und ins Empfinden zurückzurufen und dadurch mental auszuprobieren und zu üben, ohne daß du wirklich fährst. Dein Pferd steht dabei friedlich im Stall und wird weder physisch noch psychisch unnötig strapaziert!

Wann immer du willst, kannst du das Fahren in allen Einzelheiten wie einen „inneren Film" ablaufen lassen.

> **Vorteil** — Ich kann immer, überall und so oft ich es will, üben, ohne mein Pferd zu überanstrengen!

Durch gezieltes Training deiner **Konzentrationsfähigkeit** gelingt es dir, dich vor störenden Einflüssen abzuschotten und deine Energie und dein Können während der Aufgabe optimal einzusetzen.

Die *positive Einstellung* hilft dir dabei, Patzer wegzustecken und Nervosität zu vermeiden. Denn du bist dir ja im klaren darüber, daß du bestimmte Dinge kannst und auch unter anderen Bedingungen (auf allen Plätzen der Welt!) schaffen wirst. Du weißt, daß du dir – ganz realistisch – etwas zutrauen kannst. Du mußt nicht gewinnen, aber du wirst aus dir und deinem Pferd bzw. deinen Pferden das Beste herausholen.

Dabei brauchst du nicht auf andere zu schielen, nicht ängstlich zuzugucken, wie sie fahren. Du fährst nach deiner eigenen Strategie (die mit deinem Lehrer abgesprochen ist) und mißt dich an dem Maßstab, den du dir durch mentales Training erworben hast. Du wirst sehen, daß es sich lohnt, sich davon nicht abbringen zu lassen. Laß dich nicht beirren, laß dir von Fremden oder gar Neidern nicht hineinreden.

Wenn du davon überzeugt bist, daß dein Weg der richtige ist, wird sich auch der äußere Erfolg einstellen, der den inneren bestätigt. Durch mentales Training kannst du deine Leistungen verbessern, du kannst darüber hinaus neue Bewegungsvorgänge und Handgriffe leichter und effektiver erlernen als mit herkömmlichen Methoden. Du wirst bestimmt dadurch mehr Freude an deinem Sport haben.

Auch für den Lehrer bieten sich Möglichkeiten, Fehler leichter abzustellen sowie Neues wirkungsvoller und erfolgreicher zu vermitteln als bisher.

Nicht zuletzt wird den Pferden viel Stumpfsinn und unnötige Quälerei erspart, die durch fehlenden, mangelhaften oder einfach schlechten Unterricht und durch unzufriedene, frustrierte Fahrer verursacht werden.

In diesem Buch wird erstmalig die mentale Methode konkret und anhand von anschaulichen Beispielen auf den Fahrsport übertragen. Sie läßt die klassischen Inhalte der Fahrlehre unangetastet, zeigt aber neue, bessere Wege des Lehrens und Lernens auf.

1.2 Die sechs wichtigsten Fertigkeiten für mentale Steuerung

1. Entspannung und Anspannung

- Du kannst den – physischen und psychischen – *Erregungsgrad* selbst verändern. Stell dir eine Erregungsskala von Null (totale Passivität wie im traumlosen Tiefschlaf) bis zum höchsten Erregungsniveau (wie im Zustand der Panik) vor.
- Du kannst lernen, deine Erregung so zu steuern, daß sie genau zu dem paßt, was du vorhast. Du mußt das für dich richtige Verhältnis zwischen „Gasgeben" (Mobilisation) und „Bremsen" (Relaxion) herausfinden, das für deine individuelle Leistung optimal ist.
- Wenn du z. B. dazu neigst, dich bei einer kritischen Situation oder vor und bei einer Prüfung so sehr aufzuregen, daß deine Leistungsfähigkeit blockiert ist, lernst du, dich mit den entsprechenden Übungen zu *entspannen*. Du bist dann bestimmt nicht der Typ, der in Passivität verfällt!
- Wenn du eher zu „Wurschtigkeit" neigst, mußt du dich aufputschen, deinen Kampfgeist *aktivieren*. Das kann auch dann von Nutzen sein, wenn du dich etwa nach einer schlaflosen Nacht müde und abgeschlagen fühlst oder wenn deine Spannkraft verloren geht, weil du unerwartet lange auf einen Start warten mußt.
- Zuviel Entspannung dagegen kann den Leistungswillen beeinträchtigen. Vor einer Prüfung oder einem Wettbewerb ist ein gewisser innerer „Kick" notwendig.
- Wieviel Anspannung bzw. Entspannung du brauchst, mußt du selbst erkennen. Natürlich wird dir dein Trainer, mit dem du intensiv darüber sprechen solltest, dabei helfen, das richtige Maß herauszufinden.

Es gibt neben einigen Übungen, die nachfolgend beschrieben werden, wirksame Hilfsmittel, um den Spannungsgrad zu regulieren:

a) **dein eigenes Handeln:**
Um dich zu entspannen, bewegst du dich sehr langsam oder gar nicht. Du atmest tief und ruhig aus (s.u.).
Um dich in Spannung zu versetzen, bewegst du dich schnell und schwungvoll, spannst deine Muskeln kräftig und konzentriert an, atmest bewußt ein.

b) **deine Umgebung:**
Um dich zu entspannen, suchst du eine ruhige, reizarme Umgebung auf, hörst ruhige, harmonische Musik (evtl. über Walkman oder im Autoradio).

Um dich in Spannung zu versetzen, wählst du eine betriebsame, reizreiche, laute, anregende Umwelt und laute, aufputschende Musik.

c) **deine Wahrnehmungen:**
Um dich zu entspannen, stellst du dich auf Ruhe ein, auf ein angenehmes, wohliges Empfinden („Ich fühl' mich richtig gut").
Um dich in Spannung zu versetzen, stellst du dich auf eine Herausforderung ein, setzt dich unter Druck, redest dir „Power" ein („Ich zeig's denen, ich will's heut' wissen!").

• *Entspannung* ist notwendige Voraussetzung für das Funktionieren deiner körperlichen und geistigen Fähigkeiten.

• Die Fähigkeit, dich zu entspannen, kann dir in schwierigen oder ungewohnten Situationen, bei Streß und in Prüfungen zugute kommen. Entspannung kann Leistung verbessern, aber niemals zu Höchstleistungen motivieren. Um diese zu erbringen, mußt du die letzten Reserven aus dir herausholen, dich 100%ig anspannen und aktivieren. Dies zur Wettkampfsituation.

• Im Alltag eines Fahrers aber geht es nicht um Höchstleistungen, es darf schon aus Rücksicht auf die Pferde nicht darum gehen. Du mußt selbst einschätzen (und das kannst du lernen!), wieviel „Bremsen" und „Gasgeben" für dich persönlich, deine Erwartungen, die Voraussetzungen und die gesamte individuelle Situation richtig sind.

 **Ich kann den Grad der Entspannung und Anspannung selber regulieren!**

2. Körpergefühl

Da du dich über deinen Körper (vor allem Arme und Hände), durch deine Leinenführung, mit dem Pferd verständigst, sind ein präzises Gefühl für den eigenen Körper und dessen bewußte Beherrschung auch im Fahrsport wichtig.

• Du lernst systematisch, jeden Teil deines Körpers **bewußt zu empfinden** und beim Fahren bewußt und kontrolliert einzusetzen. Du wirst dabei auch die Bewegungen und Reaktionen deines Pferdes viel sensibler wahrnehmen und steuern können.

• Als Fahrer wirst du vor allem Wert darauf legen, deine Finger und Hände, deine Hand- und Ellenbogengelenke sowie die Arme bis zu den Schultern genau und bewußt durchzufühlen.

• Du schulst dein Körpergefühl und zugleich dein Gefühl für die Bewegungsvorgänge, die sich im Zusammenspiel mit dem Pferd vollziehen. Daß das bewußte Empfinden des eigenen Körpers gar nicht so selbstverständlich ist, wie es auf den ersten Blick erscheinen mag, wirst du rasch feststellen, wenn du einige der unten aufgeführten Übungen durchführst.

• Du wirst die Schwierigkeiten dabei leichter überwinden, wenn du dir klar machst: Mein Körpergefühl ist die Grundlage meiner Körperbeherrschung, und diese ist ein wichtiges Instrument in meinem Sport.

3. Bewegungsvorstellung

• Du erlernst die Fähigkeit, dir Bewegungsabläufe genau so vorzustellen, wie sie in Wirklichkeit ablaufen. Dabei reagieren Nerven, Muskeln, Bänder und Sehnen in feinerer Form auf dieselbe Art und Weise wie beim wirklichen Bewegungsvorgang. Das Verblüffende daran ist, daß du später – im Ernstfall – genau so reagierst, wie du es dir mental vorgestellt hast!

Du lernst, dir Bewegungsabläufe genau vorzustellen.

- *Du fährst also innerlich* (mental) in allen Einzelheiten z.B. eine Lektion wie die Rechtswendung, eine Dressuraufgabe oder einen Parcours und drückst, was du dabei tust, in Worten (verbal) aus. Das ermöglicht dir selbst ein Höchstmaß an Eigenkontrolle und dem Lehrer eine optimale Kontrolle deines Verhaltens.
- Du lernst, gelungene Übungen mit geschlossenen oder offenen Augen (du alleine kannst feststellen, was besser klappt) nachzuempfinden und danach in ebenso gelungener Form zu wiederholen.
- *Eine verkürzte Formel* für den richtigen Bewegungsablauf hilft dir während des Fahrens, die Übung genau so wieder auszuführen. Die sprachliche Verkürzung ist deshalb hilfreich, weil ausgeführte Sätze und Beschreibungen des Bewegungsvorgangs immer länger sind als dieser selbst. Du verknappst also durch Kurzformeln die Verbalisierung des Vorgangs auf die tatsächliche Dauer seines Ablaufs. Der Text darf nicht länger sein als der Film, der innerlich abläuft!
- Die Fähigkeit, diesen *inneren Film* in allen spezifischen Einzelheiten zu sehen und nachzuempfinden, muß trainiert werden. Sie gibt dir die Möglichkeit, alles, was du in der Praxis tust, im voraus und im nachhinein so durchzuspielen, als ob du wirklich fährst. Du kannst dir dabei überdies Konzentrationspunkte einbauen, die du für notwendig hältst.

Kurzform **So, wie ich mir Bewegungsabläufe vorstelle, laufen sie in Wirklichkeit ab!**

4. Konzentration

Du lernst, dich in jeder beliebigen Situation absolut zu konzentrieren und dich von keinerlei Störfaktoren ablenken zu lassen. Auch diese Fertigkeit mußt du trainieren. Du versuchst, zuerst über eine kürzere Zeitspanne, etwa eine einzelne Übung,

Du lernst, dich zu konzentrieren und alle Störfaktoren auszuschließen.

alle Umwelteinflüsse, jeden persönlichen wie beruflichen Ärger auszublenden.
- Du ziehst all deine Aufmerksamkeit, all deine Energie auf diesen einzelnen Punkt zusammen und läßt dich durch nichts davon ablenken. Bei einiger Übung wird dir das schließlich über längere Zeit, über mehrere Lektionen, und zuletzt während einer ganzen Dressuraufgabe, eines Parcours oder einer Geländestrecke immer besser gelingen.
- Übe dabei auch das *„Wegstecken" von Fehlern*. Fahre nach einer verpatzten Lektion weiter, vergiß sie und konzentriere dich mit ganzer Kraft nur auf die nächste, vor dir liegende Lektion.
- Laß aber auch den Gedanken nicht zu an die über- oder überübernächste Lektion oder an irgendein Hindernis weiter hinten im Parcours, das dir vielleicht Kopfzerbrechen macht. Du darfst dich erst dann damit beschäftigen, wenn du es anfährst.

> Indem ich das Vorher und Nachher ausklammere, lerne ich, all meine Fähigkeiten auf den Punkt zu konzentrieren, auf den es ankommt, auf das Hier und Jetzt. *entscheidend*

5. Positive Einstellung (Selbstbewußtsein)
- Du lernst, positiv zu denken und ein gesundes Selbstbewußtsein zu entwickeln. Mach dir klar, was du kannst – und sei ruhig stolz darauf. So wirst du dir die Dinge, die du (noch) nicht kannst, eher zutrauen. Allerdings müssen die Ziele, die du dir setzt, in einem vernünftigen, realistischen Verhältnis zu deinen Möglichkeiten stehen, also erreichbar sein.
- Formuliere auch das, was du erreichen willst, positiv. Sag' dir also nie, was du nicht tun darfst, sondern, was du tun mußt, nicht, was falsch, sondern, wie es richtig ist.
- Für viele ist es gar nicht einfach, *Selbstbewußtsein positiv zu empfinden*. Du bist vielleicht so erzogen worden, daß Bescheidenheit eine Tugend sei, daß man sich vor allem nicht selbst lobt („Eigenlob stinkt!") usw. Du mußt das ja auch nicht unbedingt laut tun. Aber wenn du etwas erreichen willst, mußt du dir innerlich klarmachen, daß das ohne Selbstbewußtsein nicht möglich ist.
- Du findest immer Anlaß, dich zu kritisieren und dir deine Schwächen vorzuhalten, denn du kennst dich ja auch selbst am besten. Du mußt all das einmal von der anderen Seite sehen, dich vielleicht dazu zwingen! *Sag' dir einfach öfter, was du kannst, worin du gut bist.* Sag' dir, was du schon erreicht hast (auch kleine Dinge zählen!), und du wirst sehen, daß es dadurch leichter wird, noch etwas mehr zu erreichen.
- Wenn du dir immer nur sagst, was du nicht kannst, gibst du dir keinerlei Chance, es besser zu machen. Du denkst ja nur an das ver-

meintliche Versagen und blockierst dadurch jeden Gedanken an das, was besser oder gut wäre. Du verbaust dir die Möglichkeit dazu, weil du das Positive als Möglichkeit nicht zuläßt, es nicht vorausdenkst.

> *Merksatz*
>
> **Ich sage mir, was ich kann und was ich lernen will!
> Ich denke nicht an die Fehler, die ich machen könnte,
> sondern daran, wie ich sie abstelle.**

• Selbstbewußtsein hat nichts mit Selbstüberschätzung zu tun. Wenn du nicht zu den Leuten gehörst, die sich alles zutrauen, obwohl sie keinerlei Veranlassung dafür haben, bist du ohnehin nicht in Gefahr, dich zu überschätzen. Du bist vielmehr in Gefahr, nicht aus dir herauszuholen, was in dir steckt. Zu den Angebern und Großtuern gehörst du nicht. Aber du würdest gern etwas erreichen, etwas leisten, auf etwas stolz sein. Die richtige Einstellung dafür kannst du lernen und einüben.

6. Selbstgespräch

• Fertigkeiten, die du sprachlich nicht darstellen kannst, können auch nicht verändert, bzw. gefestigt und verbessert werden. Erst durch sprachlichen Ausdruck wird dir dein Tun in allen Einzelheiten bewußt und faßbar. Wenn du also im Fahrsport etwas lernen, festigen oder verändern willst, mußt du in der Lage sein, dies sprachlich darzustellen. *Durch das Selbstgespräch kannst du dein Handeln stabilisieren oder ändern, allerdings auch stören.*
• Im positiven Selbstgespräch sagst du dir: „Ich kann das!" Du vermagst, den eigenen Zustand zu regulieren: „ganz ruhig!". Oder du regulierst den Prozeß deines Handelns, sagst dir vor, was du tun mußt: „Ich fühle jetzt das Pferdemaul mit beiden Händen gleichmäßig und stetig."
• Zerstörend wirkt sich das Selbstgespräch aus, wenn du dir sagst: „Ich schaff' das nie!"
• Du kannst das Selbstgespräch während des Handelns führen, aber auch davor und danach. Wenn du dein Handeln stabilisieren willst, führst du immer dasselbe Selbstgespräch.
• Dein Lehrer hat die Möglichkeit, in dein Selbstgespräch einzugreifen, es je nach Notwendigkeit positiv oder negativ zu verändern. Er kann dadurch dein Handeln sehr effektiv beeinflussen.
• Im Selbstgespräch ermunterst du dich, sprichst dir Mut zu, verstärkst so das Selbstbewußtsein („Komm, du bist gut genug, du schaffst das!").
• Durch das Selbstgespräch kannst du dich beruhigen („Bleib ganz ruhig, es ist gar nichts los, du kannst das doch..."). Du kannst dich zur Entspannung aufrufen, indem du kurz die Augen schließt und zu

Mentales Training

dir sagst: „Jetzt tief und gleichmäßig ausatmen!"
• Du kannst dich aufputschen, zur Höchstleistung auffordern („Jetzt gilt's, zeig es denen!"). Du kannst im Selbstgespräch Erinnerungen hervorrufen und verstärken („Fühl dich wieder so wie damals, als das Fahren so gut geklappt hat, als es so leicht und schön war!" oder: „Fühl die Rechtswendung im Trab genauso wie gestern, als der Lehrer dich dafür gelobt hat").

Der Anfänger gewinnt durch das Selbstgespräch Ruhe und Sicherheit.

• Im Selbstgespräch kannst du dich auffordern, störende Gedanken beiseite zu schieben („Jetzt ist dafür keine Zeit, jetzt nicht, nachher, nach dem Fahren!"). Das Selbstgespräch schottet dich ab gegenüber störenden Umwelteinflüssen, du sprichst nur mit dir und schaltest die anderen und deine Umgebung aus. Sprechen ist präziser, bewußter und nachdrücklicher als unartikulierte Gedanken oder Gefühle. Es zwingt dich zur Konzentration auf wenige Kernpunkte.
• Mit der Technik des Selbstgesprächs verfügst du über ein hervorragendes Mittel, alle Bereiche des mentalen Trainings effektiver anzuwenden, also Entspannung, Körpergefühl, Bewegungsvorstellung, Konzentration und Selbstbewußtsein zu verstärken.

Das Selbstgespräch erleichtert mir die effektive Umsetzung meiner mentalen Fertigkeiten. *Quintessenz*

• Zum Einüben ist es wichtig, daß du das Selbstgespräch laut führst. Das sollte selbstverständlich sein, wenn dein Lehrer dir Unterricht gibt. Habe ruhig den Mut, ihn darum zu bitten, laut aussprechen zu dürfen, was du tun willst, gerade tust oder soeben getan hast. Auch wenn du ohne den Lehrer fährst, solltest du zuerst laut „denken", um die Fertigkeit des Selbstgesprächs zu erlernen und zu festigen. (Dein Mitfahrer wird Verständnis dafür aufbringen, wenn du ihn vorher informiert hast!)

• Wenn du nicht in vertrauter Gesellschaft bist, wirst du normalerweise das Gespräch in der Stille deiner Gedanken belassen. Das gilt natürlich auch für Prüfungen und Wettkämpfe! *Du wirst ohnehin feststellen, daß du nach einem entsprechenden Training immer mehr in der Lage bist, das Selbstgespräch in Gedanken und damit in jeder Situation anzuwenden.*

1.3 Übungen, die auch ohne Gespann möglich sind

Allgemeines
Alle sechs Fertigkeiten kannst du auch ohne Gespann üben und verbessern: z.B. zu Hause, beim Warten auf Bahn oder Bus, beim Schlangestehen im Supermarkt, im Wartezimmer des Arztes.

Du kannst bei vielen Gelegenheiten mentale Fertigkeiten durchgehen.

Beginne mit Übungen, die dir ohne viel Mühe gelingen. Steigere dann den Schwierigkeitsgrad, bis die Übung dich einige Anstrengung kostet.

Wenn du zu den Menschen gehörst, denen auch leichtere Übungen anfangs schwerfallen, laß dich davon nicht entmutigen. Wenn du dennoch nicht klein beigibst, kann am Ende der Erfolg größer sein als bei anderen, denen zu Beginn alles auf Anhieb zu gelingen scheint.

Du erleichterst dir die Aufgaben, wenn du vor allem am Anfang eine dir angenehme Umgebung aufsuchst: z.B. ein vertrautes, gemütliches Zimmer, in dem du allein bist. Erst später erschwerst du allmählich die äußeren Bedingungen, bis du die Übung schließlich auch im Gewühl vieler Menschen und Tiere, im Getöse von Lautsprechern und Musik (also auch unter wettkampfähnlichen Bedingungen) ausführen kannst.

Später gelingen die die mentalen Übungen auch unter erschwerten Bedingungen.

- Es ist effektiver, **kurze Übungen so oft wie möglich**, als lange Übungen in großen Zeitabständen durchzuführen.
- Sobald dir eine Übung Schwierigkeiten macht, geh zu einer leichteren zurück. Versuch aber auch ab und zu, dich durch eine Schwierigkeit durchzubeißen.
- *Vor dem konkreten Fahren einer Dressuraufgabe, einer Geländestrecke oder eines Parcours solltest du in der Lage sein, die bevorstehende Aufgabe mental, also in deiner Vorstellung, genau und vollständig durchzugehen.*
- Begleite dieses mentale Training mit einem Selbstgespräch. Sag' dir in Kurzform alles, was du tun willst. Wenn du allein bist, kann das ruhig laut geschehen. Im anderen Fall sprichst du es leise oder in Gedanken. Dieses Selbstgespräch hilft dir auch dabei, dich über die gesamte Zeitdauer der Aufgabe zu konzentrieren.
- *Schau dabei auf die Uhr!* Die Zeit, die du für das mentale Durchgehen brauchst, muß am Ende der Zeit entsprechen, die dir im Ernstfall

Halte beim mentalen Durchgehen einer Aufgabe die genaue Zeitspanne fest.

zur Verfügung steht. Wenn also für eine Dressuraufgabe 6 Minuten vorgesehen sind, versuchst du, auch beim mentalen Training 6 Minuten einzuhalten.

• Vor allem beim Üben vor einer Prüfung sollte sich dein Trainer oder Lehrer dieses Selbstgespräch anhören und Unrichtiges korrigieren. Auch das Erlernen neuer Übungen oder das Abstellen von Fehlern wird dadurch erheblich erleichtert.

Vorsatz Ich werde meinen Lehrer darum bitten, gemeinsam mit mir mein persönliches Selbstgespräch zu formulieren!

• Wenn du dir klarmachst, daß diese Übungen dir helfen und Freude machen, gelingen sie am besten!
• Die Fertigkeiten, die du dabei erlangst, lassen sich auch auf andere Lebensbereiche anwenden – sie kommen dir also nicht nur beim Fahren zugute.

Die mentalen Fertigkeiten lassen sich auf viele andere Lebensbereiche übertragen.

1. Entspannung und Anspannung
- Die Fertigkeit, sich zu entspannen, ist in allen Sportarten die Voraussetzung für das optimale Funktionieren der körperlichen und geistigen Fähigkeiten.
- Auf der anderen Seite ist eine gewisse Anspannung und Erregung, die zu der bekannten *Adrenalinausschüttung* im Blut führt, notwendig: Sie ermöglicht erst maximale Leistungen in besonderen Situationen wie Prüfungen und Wettkämpfen. Wird jedoch die Anspannung zu groß, so treten Verkrampfungen mit ihren typischen Symptomen auf: Schwitzen unter den Armen, in den Händen, flaches, schnelles Atmen, Herzklopfen. Diese Verkrampfungen wirken leistungshemmend und führen zu verminderten und falschen Reaktionen. Für eine solche Situation brauchst du wirksame Entspannungsübungen, auf die du dich verlassen kannst.

a) Entspannung (Relaxion)
Auch Ungeübte erzielen mit der im folgenden beschriebenen Schulter-Atmungsgsübung rasch eine spürbare Wirkung. Sie hat sich als ausgezeichnete Entspannungsübung bewährt.
- Der Erfolg ist keineswegs nur auf Wettkampfsituationen bezogen: Entspannungsübungen helfen dir genauso im Fahreralltag – wenn du verkrampft oder etwa nach einem Unfall ängstlich geworden bist, dir wenig zutraust oder rasch entmutigt aufgibst.

Geh die einzelnen Schritte durch und probiere sie aus:
- *Zieh beide Schultern in Richtung Ohren hoch – noch höher!*
- *Laß sie langsam wieder herabsinken.*
- *Zieh nun die Schultern noch einmal ganz nach oben zu den Ohren, atme dabei tief ein und halte sechs bis sieben Sekunden lang Atem und Schultern an.*
- *Zähle mit: 21, 22, 23, 24, 25, 26 – atme langsam aus und laß dabei die Schultern langsam herabsinken.*

- Schon nach wenigen Übungen spürst du, wie deine Muskeln sich entspannen und du dich wohlfühlst. Die Übung kostet nicht viel Zeit: Du kannst sie praktisch überall im Sitzen oder Stehen durchführen. Nach einiger Zeit kannst du dir ihre entkrampfende, entspannende Wirkung auch in Streßsituationen wie in Prüfungen oder Wettkämpfen zunutze machen. Ja, auch bei Ärger über einen ungerecht aufbrausenden Chef hilft sie dir dabei, ruhig und sachlich zu bleiben!
- Sobald es dir gelingt, mit der Entspannungsübung auch in Streßsituationen Verkrampfungen abzubauen, beginnst du damit, die Übung zu verkürzen. Beim ersten Anzeichen einer Verkrampfung atmest du bewußt und tief aus. Bald wirst du spüren, daß allein dadurch wohl-

Kapitel 1

tuende Entspannung wirksam wird. Zuletzt kannst du Entspannung schon dadurch herbeiführen, daß du nur ans Ausatmen denkst.

Sehr hilfreich als Entspannungsübungen sind auch die Schwere- und Atemübungen aus dem Bereich des sogenannten autogenen Trainings.

Diese Übungen kannst du in folgenden Haltungen durchführen:
- *im Liegen*
- *im Sitzen*
- *in Kutscherhaltung*

Die Entspannungsübungen beim autogenen Training kannst du im Liegen und im Sitzen durchführen.

Im Grundkurs des autogenen Trainings gibt es sechs Übungsstufen:
- *Schwereübung*
- *Wärmeübung*
- *Atemübung*
- *Herzübung*
- *Leibübung (Sonnengeflechtsübung)*
- *Kopfübung*

• Für unsere sportlichen Zwecke, aber auch zur Entspannung und Erholung in anderen Lebensbereichen, genügt die Beherrschung der Schwere- und Atemübung, die du ohne ärztliche Überwachung und ohne geschulten Übungsleiter selber lernen und durchführen kannst.

Und so gehst du dabei vor:
• Du nimmst in bequemer Lage eine der oben gezeigten drei Haltungen ein, schließt die Augen und stimmst dich ein, indem du dir sagst: „Ich bin ganz ruhig" (sog. Ruhetönung). Dabei versuchst du, alle anderen Gedanken auszuschalten.
• Du fängst als Rechtshänder mit dem rechten und als Linkshänder mit dem linken Arm an und sagst dir einige Male als Übungsformel: „Der Arm ist ganz schwer." Bald zeigt sich eine deutliche Schwereempfindung in der Ellenbogen- oder Unterarmgegend.
• Wenn du dabei Schwierigkeiten hast, spannst du vorher beide Armmuskeln fest an, indem du zwei geballte Fäuste machst und dann die Muskeln losläßt.
• Nach etwa einer Minute erfolgt das Zurücknehmen, das wie eine Zeremonie immer in der gleichen Weise ablaufen soll. Du spannst, wie oben, die Armmuskeln an, läßt wieder los, atmest tief ein und aus und öffnest die Augen.

Kurzformel:
- *Arme fest,*
- *tief atmen,*
- *Augen auf!*

• In den ersten acht Tagen sollst du das autogene Training nur zwei- bis dreimal am Tage mit jeweils zwei Übungen durchführen, die nur ein bis zwei Minuten dauern. Später, wenn du die Übungen beherrschst, kannst du sie so lange fortsetzen, wie sie dir angenehm sind.
• Diese Übungen beendest du immer mit derselben Zeremonie (Zurücknehmen s.o.).
• Nach etwa drei bis sechs Tagen wird das Schweregefühl im Unterarm immer deutlicher und schneller eintreten. Zugleich spürst du es

auch im anderen Arm. Du änderst dann deine Fomel: „beide Arme schwer".
- Nach etwa 10 bis 14 Tagen spürst du das Schweregefühl (Entspannung) rasch in beiden Armen und ein wenig später auch in den Beinen. Danach kannst du auch die Übungszeiten verlängern.
- Du wirst nach einiger Zeit feststellen, wie deine Atmung ganz von selbst ruhig wird: „Meine Atmung ist ganz ruhig".
- Du nimmst immer am Ende die Übung zurück, es sei denn, du willst sie in den Schlaf übergehen lassen. Und du wirst erstaunt sein, wie gut du trotz Prüfungsangst und Lampenfieber einschlafen kannst.

bedenke **Mit den beiden Übungen des autogenen Trainings kannst du eine sehr wirksame Technik erwerben, dich zu entspannen, dich zu erholen und Schlafstörungen zu überwinden.**

b) Anspannung (Aktivierung)

Um dich aufzuputschen, anzustacheln, wenn du dich müde und schlapp fühlst oder wenn du dich in einer Pause völlig entspannt hast, kannst du ebenfalls einfache Übungen anwenden:
- Presse deine Zunge einige Male 8 bis 10 Sekunden lang fest gegen den Gaumen.
- Du kannst auch eine früher erlebte Stimmung in dir wachrufen, das Erfolgsgefühl z.B, das du hattest, als du bei einem Wettbewerb hochplaciert warst oder gewonnen hast.

Versetze dich in eine Stimmung, in der du besonders erfolgreich warst.

Oder: Du führst ein Selbstgespräch: „Jetzt will ich mein Bestes geben! Euch werde ich's zeigen! Jetzt fühle ich mich frisch und topfit!"
• Versuch', einige Male mit angespannten Armmuskeln die Faust zu ballen, dich schnell und schwunghaft zu bewegen, dich durch Konzentrationsübungen (s.u.) in Anspannung zu versetzen, eine anregende, aufreizende Umgebung aufzusuchen oder Musik zu hören, die dich an- und aufregt.
• Auch hier mußt du selbst herausfinden, welche Übungen und welche Bedingungen sich am besten dafür eignen, dich zu aktivieren.

2. Körpergefühl

• Beginne damit, einzelne Körperteile bewußt zu fühlen, z.B. jeden einzelnen Finger deiner rechten, dann deiner linken Hand, oder die Zehen – einzeln und nacheinander. Den meisten gelingt das erst, wenn sie diese Gliedmaßen bewegen. Das ist also durchaus normal! Es bedarf einer gewissen Übung, bis es dir gelingt, den gewünschten Körperteil auch ohne Bewegung sofort fühlbar zu machen.
• Trainiere dann dein Empfindungsvermögen für größere Muskelpartien: Schultern, Ober- und Unterarme, Oberschenkel und Waden. Erfahre auch das Fühlen dieser Partien über intensive Bewegung.
• Fühle auf diese Weise nach und nach deinen ganzen Körper von oben nach unten durch. Dazu gehören auch die Gelenke wie Genick, Hüft-, Hand- und Fußgelenke. Lege besonderen Wert auf das Erfühlen der Hände und Arme, weil sie beim Fahren eine besondere Rolle spielen.

Fühle deinen ganzen Körper durch.

Kapitel 1

- Probiere das alles zuerst ohne Gespann aus, im Sitzen, Liegen oder im Stehen. Versuche dasselbe dann am Fahrlehrgerät und schließlich auf dem Bock während des Haltens, beim Fahren im Schritt und im Trab.
- Versuch' auch einmal, bei automatisierten Bewegungsabfolgen, wie Gehen, Aufstehen oder Treppensteigen, deine aktiven Körperteile zu spüren.

Versuche, bei automatisierten Bewegungsabfolgen deine aktiven Körperteile zu spüren.

Mit der Verbesserung meines Körpergefühls schaffe ich optimale Voraussetzungen, um neue Bewegungsfolgen zu lernen oder alte zu korrigieren!

3. Bewegungsvorstellung

Vorübungen
- Du beginnst damit, dir an einem ruhigen Platz einfache erlebte Bilder vorzustellen: z.B. den Anblick eines bestimmten Hauses, eines Sees oder Flusses.

- Dann versuchst du, dir so genau wie möglich ein Erlebnis mit vielen Sinneseindrücken vorzustellen: Du schließt die Augen und stellst dir etwa folgendes vor: Du liegst am Meer. Du siehst das Meer in einer bestimmten Farbe, du riechst die salzige Luft, du fühlst deinen entspannten Körper in der angenehm warmen Sonne. Du fühlst den Sand unter dir und hörst die Wellen.

Stell dir ein Erlebnis mit vielen Sinneseindrücken vor.

- **Finde dabei heraus, welcher Sinneseindruck am stärksten ist.** Ist z.B. der optische Eindruck, etwa die Farbe des Meeres, am intensivsten, dann weißt du, daß das, was deine Augen sehen, später auch deine Bewegungsvorstellung am nachhaltigsten unterstützen wird. Du kannst dir also einen Bewegungsablauf am besten und deutlichsten mit Hilfe optischer Eindrücke vergegenwärtigen. Ist dagegen das Geräusch der Wellen der nachhaltigste Eindruck, dann lernst du am besten akustisch, also durch Erinnerungen, die du hören kannst. In diesem Falle vergegenwärtigst du dir einen Bewegungsablauf mit Hilfe akustischer Eindrücke. Bei vielen Menschen sind die Sinneswahrnehmungen annähernd gleichwertig. Gehörst du zu dieser Gruppe, so wählst du eben den Sinneseindruck, der sich am leichtesten abrufen läßt.

für den Anfang

Ich beende meine Vorstellungsübung, sobald die Eindrücke schwächer werden. Ich zwinge mich nicht dazu, das Bild schärfer zu sehen, die Luft intensiver zu riechen usw. Mit der Zeit und durch Übung gelingt das von selbst. Ich schließe die Übung ab, indem ich tief durchatme und die Augen wieder öffne.

Übungen mit Bewegungsvorstellungen:
- Stell dir gewohnte Bewegungsabläufe vor wie Gehen, Laufen, Türenöffnen oder Fahrradfahren. Stell sie dir ganz genau so vor, als ob du sie gerade ausführst.

Empfinde gewohnte Bewegungsabläufe so nach, als ob du sie ausführen würdest.

- Stell dir Bewegungsabläufe mit dem Pferd und fahrtechnische Handgriffe vor. Schließe dabei die Augen (du kannst sie auch geöffnet lassen, wenn's dir so leichter fällt) und laß vor deinem inneren Auge folgende Vorgänge konkret und in allen Einzelheiten ablaufen, empfinde sie intensiv nach:
- Du führst das Pferd aus der Box, bindest es auf der Stallgasse an und putzt es gründlich durch. Danach legst du das Geschirr auf. Du legst das Brustblatt oder Kumt, das Sellett oder den Kammdeckel auf, befestigst den Schweifriemen und anschließend den Bauchgurt. Zuletzt legst du den Fahrzaum auf, ziehst dann die Leinen ein und befestigst sie.

Stell dir die Vorbereitungen für das Fahren vor.

Mentales Training

- Stell dir ebenso genau und in allen Einzelheiten vor, wie du beim eingespannten Pferd die Leinen aufnimmst: Vom richtigen Standort aus (in Höhe und mit dem Blick auf das Sellett bzw. Kumt, etwa einen Schritt vom Pferd entfernt, so daß du das Pferd mit ausgestrecktem Arm erreichen kannst) mißt du die Leinen ab. Du spürst, wie du sie mit dem Zeigefinger der rechten Hand auseinander hältst und dann in die Grundhaltung der linken Hand übergibst. Jetzt verlängerst du die Leinen und machst dich fertig zum Aufsteigen.
- Dabei rufst du dir vor deinem inneren Auge auch die gewohnte Umgebung ins Gedächtnis: Du siehst den Hof mit den großen Pflastersteinen und der alten Eiche, den Eingang zum Stall, den Teich, die breite Ausfahrt usw. Vielleicht riechst du sogar einen typischen Geruch (bestimmte Blüten, Pferdemist, Pferdeschweiß, den beizenden Geruch beim Beschlagen etc.), hörst Wiehern, Schnauben, Pferdehufe oder Hundegebell.
- Dann stellst du dir das Aufsteigen vor: Du trittst zum linken Vorderrad des Wagens zurück und behältst dabei das Pferd oder die Pferde stets im Auge. Du steigst über Radnabe und Aufsteigetritt auf den Bock, wobei du mit dem rechten Fuß beginnst und dich mit der rechten Hand am Wagen festhältst. Mit der rechten Hand nimmst du die quer über dem Fahrersitz liegende Peitsche auf und nimmst auf der rechten Seite Platz.

In deiner Vorstellung steigst du auf den Wagen.

Kapitel 1

• Nun stellst du dir das Fahren in einer bestimmten Umgebung vor: z.B. auf dem vertrauten Sträßchen im Wald. Du spürst die Wärme der Sonne, riechst den harzigen Geruch der Bäume und hörst neben dem Hufgetrappel den Gesang der Vögel. Du siehst den runden Pferdepopo und den Pferdekopf mit den gespitzten Ohren vor dir. Du achtest auf den Straßengraben zu deiner Rechten. Du spürst die Leinen in Grundhaltung in deiner linken und die Peitsche in deiner rechten Hand. Dann wechselst du zur Gebrauchshaltung, von dieser zur Arbeitshaltung und wieder zurück zur Gebrauchshaltung. Dabei erlebst du auch die Freude nach, die dir das Fahren in dieser Umgebung gemacht hat.

• Entsprechend deinem Ausbildungsstand steigerst du die Anforderungen der mentalen Übungen, stellst dir verschiedene Lektionen, ganze Dressuraufgaben, Hindernisse, Parcours oder Geländestrecken vor.

entscheidend **Ich sage mir immer, was ich tun will, und nicht, was ich vermeiden muß.**

4. Konzentration

• Beginne, wie oben beschrieben, mit einfachen Vorstellungen von Bildern und Erlebnissen. Es ist ganz normal, daß du am Anfang des Konzentrationstrainings immer wieder durch andere Gedanken, die dazwischen kommen, gestört wirst, z.B. den Streit mit den Eltern, den Ärger in der Schule oder am Arbeitsplatz.

Querschießende Gedanken steckst du vorerst in die „Problembox."

Mentales Training

- Diese *querschießenden Gedanken* versuchst du, nicht zu verdrängen (sonst werden sie immer stärker), sondern du verschiebst sie auf später: Du schreibst in deiner Vorstellung die störenden Gedanken auf einen Zettel, den du in deinen „Problem – Briefkasten" wirfst. Dabei versprichst du deinem Ich, dich mit diesem Problem später zu befassen. Halte das Versprechen aber unbedingt ein! Sonst spielt dir dein Unterbewußtsein bei nächster Gelegenheit einen Streich.
- Du steigerst die Bewegungsvorstellungen bis zu komplexen Bewegungsfolgen wie Aufgaben und Parcoursverläufen. Trainiere dies mit Störfaktoren: bei Radiomusik, mit Kopfhörer, unter anderen Menschen, die sich im selben Raum unterhalten oder fernsehen usw.
- Du hast dabei *Schwierigkeiten*, weil du in der Vorstellung der Bewegungsabfolgen stecken bleibst oder sich andere Bilder dazwischen drängen? – Du kannst sie beseitigen, indem du das, was du in deiner Vorstellung tun willst, in einem Selbstgespräch formulierst.

Stell dir mit Pferd und Wagen zu ganz bestimmten Zeiten Aufgaben vor, in denen du auch unter widrigen Umständen fährst, z.B. bei schlechtem Wetter, ungünstigen Bodenverhältnissen, vor kritischen Zuschauern, bei Lärm und flatternden Plastikbändern. Stell dir dabei vor, dies sei eine wichtige Prüfung, an der dir sehr viel liegt. Je stärker dein Konzentrationsvermögen ist, desto freier werden Kopf und Verhalten für unvorhergesehene Situationen, in die dich die Reaktionen deines Pferdes bringen können.

Stell dir auch Aufgaben vor, die du unter widrigen Umständen bewältigst.

- Wenn dir ein *Fehler* unterläuft, versuche, ihn **sofort** zu **vergessen**. Konzentriere dich auf die kommende Lektion, auf das nächste Hindernis. Mach das Beste daraus, selbst wenn dein Pferd gar nicht gut geht und reagiert! Laß dich auch nicht ablenken durch den Gedanken an eine Übung, die später kommt und dir Schwierigkeiten macht.

> **Erfolgsrezept**
>
> **Die wichtigste Aufgabe ist immer die nächste, unmittelbar folgende!**

5. Positive Einstellung (Selbstbewußtsein):

- Bist du ein Mensch, der dauernd mit und an sich herumnörgelt oder gar im Dauerstreit mit sich lebt? So solltest du alles tun, um mit dir Frieden zu schließen, grundsätzlich „ja" zu dir zu sagen. Das heißt nicht, daß du nicht selbstkritisch sein, weiterlernen und weiterkommen willst.
- Denk daran, daß du mit niemandem so ununterbrochen zusammen sein mußt wie mit dir selbst. Vielleicht gelingt es dir ja über das Fahren, mit dir Freundschaft zu schließen! Wir geben dir einige Tips dafür.
- Sag' einfach auch einmal laut, wenn du alleine bist und wenn es den Tatsachen entspricht: „Das hab ich gut gemacht".
- Sag' auch einmal laut zu dir, was dein Ziel ist und daß du es schaffst, es zu erreichen.
- *Sei dir gegenüber fair*, und sag' dir bei der Beurteilung einer Leistung, was gut war und was du noch verbessern willst, beispielsweise: „Mein Pferd ist in der Linkswendung schon ganz annehmbar gegangen, ich muß es aber noch etwas sorgfältiger nach innen stellen, damit es sich nicht in die Wendung werfen kann, bevor ich die Leinenhilfe gebe."
- Mach dir auch nach einer verpatzten Aufgabe klar, was gut und richtig war.
- Sag' dir, was du tun willst, und nicht, was du nicht tun darfst.

> **merken**
>
> **Ich formuliere immer positiv: So muß ich es machen, so ist es richtig!**

- Versetze dich in eine *positive Grundeinstellung*, von der aus du deine Fehler nüchtern und gewinnbringend analysieren kannst. Indem du nicht alles pauschal verurteilst, wird dir erst der Kopf frei für die entscheidenden Punkte, aus denen du für die Zukunft lernen kannst, z.B.:

  Ich habe mit meinem Pferd in den letzten Monaten viel erreicht, es ist viel gehorsamer geworden, steht beim Einspannen ruhig und tritt nach der Aufforderung zum Antreten gerade und im taktmäßigen Schritt an. Mit der Rechtswendung hapert es noch, aber das kriegen wir auch noch hin.

• Du fragst dich, was die Ursachen für den oder die Patzer waren: Lag es an den äußeren Umständen – waren unruhige Zuschauer, laute Musik oder Bodenverhältnisse schuld? Du wirst es herausfinden und im Training versuchen, entsprechende Umstände einzubeziehen.
• Warst du vielleicht selbst nicht konzentriert genug, war deine mentale Vorbereitung nicht ausreichend? Du wirst daran arbeiten.
• Ruf dir Ablauf und Stimmung des Tages, an dem du besonders erfolgreich warst, ins Gedächtnis zurück. Sicher lagen gerade hierin wichtige Voraussetzungen für deinen Erfolg.
• Finde heraus, welche Umstände vor einem Start für dich am günstigsten sind: Rummel oder Ruhe? Der eine möchte in dieser Situation nicht einmal angesprochen werden, sondern sich in den letzten Minuten vor dem Start in völliger Abgeschiedenheit auf die Aufgabe konzentrieren.

Sind Rummel oder Ruhe vor dem Start für dich am besten?

• Der andere empfindet es als willkommene Ablenkung, wenn er mit möglichst vielen über alles mögliche reden kann. Ein dritter setzt sich den Kopfhörer auf und hört Musik. Der nächste wieder stimmt sich agressiv ein, weil er eine gewisse Kämpferhaltung braucht, um sein Bestes zu leisten.

• Du mußt herausfinden, welche Bedingungen für dich persönlich am geeignetsten sind. Auch dafür brauchst du ein gesundes Selbstbewußtsein, das dich in die Lage versetzt zu sagen: Gleichgültig, was die anderen tun oder raten – für mich ist es so am besten, nur ich kann letztlich beurteilen, unter welchen Voraussetzungen ich optimale Leistungen bringen kann.

Merksatz Ich lasse mich nicht von anderen beirren!
Ich und mein Lehrer beurteilen, was gut für mich ist!

6. Selbstgespräch

Du kannst durch Selbstgespräche zwei Bereiche wirkungsvoll beeinflussen, nämlich deinen emotionalen Zustand („ich fühle mich richtig wohl") und deine *Fertigkeiten* zum Handeln (du sagst dir vor, was du tun willst oder mußt).

a) Übungen, die den Zustand regulieren

• Beginne mit einfachen, alltäglichen Situationen: Wenn du z.B. schwankst, ob du aufstehen oder wohlig im Bett bleiben sollst, sagst du dir: „Auf geht's, jetzt pack' ich's!" – Du übst, den „inneren Schweinehund" zu überwinden!

Oder: Du sitzt vor einem leeren Blatt, an deiner Schreibmaschine oder am Computer, und träumst vor dich hin, anstatt zu arbeiten. Du forderst dich energisch auf: „Jetzt reiß' ich mich zusammen, ich konzentriere mich. Wenn ich meinen Text geschrieben habe, mache ich etwas Schönes, gehe ins Kino oder zum Essen, lese meinen spannenden Krimi weiter oder sehe den berühmten Western im Fernsehen." Indem du dir eine Belohnung versprichst, motivierst du dich zu vermehrter Anstrengung.

Indem du dir eine Belohnung versprichst, motivierst du dich zu besonderer Leistung.

- In Situationen, in denen du zögerst, an dir zweifelst, rufst du dir zu: „Komm, du bist gut genug, du schaffst das!"
- Vielleicht hast du Schwierigkeiten, dich vor anderen Leuten sprachlich auszudrücken. Sag' dir, daß du es kannst. Überlege, was du sagen willst, und drück' dies in den dir eigenen Worten aus.
- Du willst alles dafür tun, um dich zu verbessern. Andere aber nörgeln nur an dir herum, nehmen dir den Mut. Du sagst dir mit einem gesunden Stolz: „Ich bin ich, ich bin in meiner Art einmalig. Ich weiß, was ich will, und ihr könnt mich nicht davon abbringen!"
- Vor einem Wettbewerb bist du nervös und verkrampft. Du schließt kurz die Augen und sagst zu dir: „Jetzt tief und gleichmäßig ausatmen – jetzt fühle ich mich locker und fit!"

Du kannst dich aufputschen und zu Höchstleistungen anfeuern, „Euch werd' ich's zeigen. Ich gebe heute mein Bestes. Ich bin in Topform und mein Pferd auch!"

- **Oder:** Du spürst, daß es dir an Einsatzwillen fehlt, du fühlst dich schlapp und lustlos. Du kannst dich aufputschen und zur Höchstleistung anfeuern, indem du dir zurufst: „Euch werd' ich's zeigen! Ich gebe heute mein Bestes, ich bin in Topform und mein Pferd auch!"

Ich kann mich, je nach Bedarf, vor dem Wettbewerb aufputschen oder entspannen! *Erfolgsrezept*

- Du bist kleinmütig und deprimiert, weil heute gar nichts geklappt hat. Du zwingst dich, daran zu denken, daß gestern oder vorgestern alles viel besser ging. Du sagst dir energisch: „Das kann ich doch jederzeit wieder erreichen. Das war doch kein Zufall, ich werde das wieder so hinkriegen! Ich werde mich jetzt genau daran erinnern, wie das war und wie ich das erreicht habe."

b) Übungen, um Fertigkeiten zu lernen, zu festigen und zu verbessern:

- Du sagst dir beispielsweise bei der Linkswendung, solange sie für dich noch etwas Neues ist: „Arbeitshaltung – Handrücken rechts, dann links nach oben, linke Leine über den Handrücken; beide Hände vor, dann Wendung durch Nachgeben links und Einschrauben der rechten Hand beenden." Wenn du diese Handgriffe gelernt hast und richtig anwendest, brauchst du dabei nichts mehr zu sagen oder zu denken, du hast sie automatisiert. Du kannst sie, wann immer du sie brauchst, abrufen.

- *Die Selbstgespräche verändern sich mit fortschreitendem Lernprozeß.* Sie werden immer kürzer, stichwortartiger, z.B. „Vor" (linke Leine), „eindrehen" (linke Leine über den Handrücken), „leichter" (Verbindung zum Pferdemaul). Du paßt dadurch dein Selbstgespräch auch zeitlich an dein Handeln an, denn du wirst merken, daß die Vorgänge beim Fahren wesentlich rascher ablaufen als die ausführlichen Selbstgespräche zu Beginn des Lernens.

- Sie verändern sich auch in Hinblick auf spezielle Schwierigkeiten oder Fehler, die sich eingeschlichen haben. Das heißt etwa: Du hast die Handgriffe zur Linkswendung gelernt und gefestigt, hast dir aber dabei eine starre, feste linke Hand angewöhnt. Dein Selbstgespräch wird sich auf „linke Hand leichter" und zuletzt auf „links" reduzieren.

wichtig **Ich bitte von Zeit zu Zeit meinen Lehrer darum, mit mir zusammen in Kurzform mein persönliches Selbstgespräch zu den entsprechenden Übungen zu formulieren.**

- Du bist mit den Handgriffen für Wendungen vertraut, dein Pferd läuft dir aber in der Rechtswendung immer wieder mit zuviel Halsbiegung über die äußere Schulter weg. Dein Selbstgespräch könnte dann etwa so lauten: „Mit der linken Leine Verbindung zum Pferdemaul behalten." Kurzform: „links Verbindung".

- Dein Lehrer wird dich zur Kontrolle das Selbstgespräch anfangs laut sprechen lassen, es „abhören". Danach führst du es in Gedanken, als inneres Selbstgespräch, das von anderen nicht zu hören ist.

einprägen **Das Selbstgespräch ist ein ausgezeichnetes Mittel, um zu lernen, Fehler zu korrigieren und Leistungen zu verbessern!**

Kapitel 2

Die Anfänge

Fahren im Gelände macht Freude und kann zum unvergleichlichen Erlebnis werden.

2.1 Warum fahren?

- Der Fahrsport boomt zur Zeit wie nie zuvor, was sicher auch auf die großen internationalen Erfolge zurückzuführen ist, die unsere Spitzenfahrer in den letzten Jahren verbuchen konnten.
- Eine weitere wichtige Ursache für die wachsende Beliebtheit des Fahrsports ist wohl in dem Bedürfnis vieler Menschen zu sehen, wenigstens in ihrer Freizeit der Hektik und dem Streß des Berufslebens zu entfliehen. Hinzu kommt die Sehnsucht, durch das Erlebnis unzerstörter Natur, unbehelligt vom modernen Verkehrstrubel und Motorenlärm, ein Stück romantischer Vergangenheit zurückzuholen.
- Fahren – vor allem im Gelände – macht Freude und vermittelt ein unvergleichliches Erlebnis, das sich auch vom Reiten wesentlich unterscheidet: Du genießt die Natur, entspannt und ohne nennenswerte Anstrengung – gleichsam bequem zurückgelehnt, mit dem Blick auf den Schweif, den schwingenden Pferderücken, die wippende Mähne, begleitet vom Hufgetrappel auf dem Pflaster... Die Seele baumelt mit!
- Anders als beim Reiten profitiert nicht nur einer, nämlich der Reiter, vom Pferd, sondern Familie oder Freunde sind mitbeteiligt. Ins Gelände reitest du oft allein, beim Fahren hast du Gesellschaft und dadurch auch häufig mehr Spaß.
- Gemeinsame Fahrten lassen sich zusätzlich verschönern, indem man einen Picknick-Korb mitnimmt oder eine kleine Rast vor einer Gaststätte einlegt.

Fahrten mit Freunden oder Bekannten und einem Picknick im Grünen können sehr viel Freude machen.

- Durch Gespräche mit dem Beifahrer und den Passagieren kommt man sich zwanglos näher. Dadurch können freundschaftliche Beziehungen entstehen, die sich auch außerhalb des Sports fortsetzen.
- Du kannst dein Pferd doppelt nutzen, indem du es sowohl reitest als auch fährst. Denn Reiten und Fahren sind nicht – wie oft angenommen – Gegensätze, sondern können sich hervorragend ergänzen:
- Das Fahren bietet zusätzliche Bewegungsmöglichkeiten, wenn dein Pferd aus gesundheitlichen Gründen nicht geritten werden kann oder sollte. Solche Gründe sind z.B. Rückenschäden wie Satteldruck, andere Verletzungen oder Pickel in der Sattel- oder Gurtlage. Beim Fahren kannst du dein Pferd nicht nur ohne Sattel und Reitergewicht ausreichend bewegen, sondern auch arbeiten, trainieren und fit halten. Dies ist zudem weitaus abwechslungsreicher und anregender als die monotone Bewegung auf engem Kreis beim Longieren oder an der Führmaschine.
- Auch bei anderen gesundheitlichen Problemen des Pferdes wie Atembeschwerden, Husten, Dämpfigkeit oder Schwächung durch vorhergegangene Krankheit ist es sinnvoll, ihm, ohne Belastung durch das Reitergewicht, ruhige, lange Bewegung vor dem Wagen zu verschaffen.
- Wenn du zwei Pferde anspannen kannst, hast du zudem den Vorteil, in derselben Zeit beide Pferde zu arbeiten!
- Beim Zweiergespann kannst du außerdem die artgerechte Möglichkeit nutzen, ein junges oder unruhiges Pferd neben dem erfahrenen Zugpferd an Umweltreize im Gelände zu gewöhnen.
- Auch Übergewicht des Reiters kann ein Grund dafür sein, auf den Fahrsport umzusteigen. Der Pferdebesitzer will sein lieb gewordenes Pferd nicht gegen einen sogenannten Gewichtsträger eintauschen. Er entdeckt im Fahren eine willkommene und Freude bringende Möglichkeit, sein Pferd ohne Reitergewicht zu bewegen und zu trainieren.
- Den Reiter können gesundheitliche Probleme dazu veranlassen, vom Reiten auf das Fahren umzusteigen:
- Durch Rücken- oder Gelenkprobleme (z.B. Hüfte, Kniegelenk) ist das Reiten unmöglich geworden. Du möchtest trotzdem nicht auf dein Pferd und den Pferdesport verzichten und siehst im Fahrsport eine schöne Alternative.
- Du hattest einen schweren Reitunfall und hast nun Angst vor dem Reiten oder willst einfach das Risiko nicht mehr eingehen bzw. kannst es aus privaten oder beruflichen Gründen nicht mehr verantworten.
- Aus Altersgründen ist dir das Reiten zu beschwerlich geworden und/oder du fürchtest einen Sturz, der ja bei älteren Menschen häufiger vorkommt und schwerere Folgen hat als bei jüngeren. Verletzungen, vor allem Brüche, heilen nur noch langsam. Du kannst dir das

schon deshalb nicht leisten, weil du Verantwortung für Beruf und Familie trägst. Du willst dich jedoch weder von deinem Pferd, noch vom Pferdesport trennen. Du findest eine Lösung, indem du dein Reitpferd fachgerecht einfahren läßt und selbst Fahrunterricht nimmst.

verlockend

Wer auf den Kontakt zu Pferden und den Pferdesport nicht verzichten will, das Reiten aber aus irgendwelchen Gründen aufgeben muß, wird im Fahren einen lohnenden Ersatz finden.

- Als Reiter hast du gegenüber Nichtreitern, die mit dem Fahren beginnen wollen, einen großen Vorteil: Du kennst dich mit Pferden aus und weißt, wie man mit ihnen umgeht. Nichtreiter müssen zuerst einmal viel Zeit und Einsatz darauf verwenden, den richtigen Umgang mit dem Pferd zu erlernen.

2.2 Vorüberlegungen

- Fahren ist leichter zu erlernen als Reiten, weil nicht der Einsatz des gesamten Körpers gefordert ist. Anstatt mit Schenkeln, Gewicht und Händen wirkt der Fahrer nur mit den Leinen, der Peitsche und der Stimme ein. Außerdem ist das Erlernen des geschmeidigen Sitzens auf dem Pferderücken ein aufwendiger Vorgang.
- Natürlich ist es nahezu ideal, wenn du vorher bereits geritten bist und gelernt hast, fachgerecht mit Pferden umzugehen. Ist das nicht der Fall, so mußt du die Zeit und Mühe aufwenden, um dies gründlich nachzuholen.
- Die beste Möglichkeit, fahren zu lernen, bieten qualifizierte Institutionen, an denen Fahrkurse abgehalten werden: ein Gestüt, eine entsprechende Landesreitschule oder ein renommierter Reit- und Fahrverein.
- Wenn du kein eigenes Pferd besitzt, kannst du nach einem erfolgreich absolvierten Fahrkurs zwischen zwei Möglichkeiten wählen, um den Sport weiter betreiben zu können: dem Kauf eines Pferdes und der gesamten Ausrüstung oder der Beteiligung an einem Fahrpferd mit Kutsche und dem übrigen Zubehör.
- Bist du bereits Besitzer eines Reitpferdes, so kannst du es ohne Bedenken von einem Fachmann einfahren lassen: Ein gut ausgebildetes Reitpferd läßt sich sogar besser einfahren als ein ungerittenes. (Das Nachreiten von Fahrpferden ist im Sport üblich und erwünscht, im Winter wird das Fahrpferd häufig nur geritten und dadurch meist verbessert. Fällt aus irgendwelchen Gründen der Bereiter aus, so ist nicht selten eine Verschlechterung der Fahrqualitäten des Pferdes die Folge.)

- *Je besser ein Pferd unter dem Reiter ausgebildet wurde, desto weniger Schwierigkeiten macht das Einfahren.* Auch ein weit ausgebildetes Reitpferd ist keinesfalls „zu schade" dafür! Als wir z.B. unser elfjähriges S-Dressurpferd einfahren ließen, äußerte sich der Ausbilder sehr beeindruckt darüber, wie gut und problemlos sich der Wallach anstellte.
- Das ruhige, *systematische Einfahren* (Doppellonge, Balken, Schlitten, zweirädriger Einfahrwagen), wie wir es bei unserem Pferd erlebt haben, zahlte sich in jeder Beziehung aus! Wenn dir daran liegt, dein Pferd wirklich fachgerecht und zuverlässig einfahren zu lassen, solltest du dir sogar überlegen, ob du es nicht für etwa vier Wochen in einen Stall bringst, in dem eine solche solide Ausbildung gewährleistet ist.

Ruhiges und systematisches Einfahren ist Grundlage und Vorbedingung für die Ausbildung des zuverlässigen Fahrpferdes.

- Wenn irgend möglich, solltest du den Ausbilder vorher beim Einfahren anderer Pferde beobachten, um festzustellen, wie er sich dabei verhält und ob dir sein Umgang mit Pferden zusagt.

wichtig **Kontrolliere vorher, wem du dein Pferd anvertraust!**

- Für das Reiten entstehen durch das Fahren keinerlei Nachteile – oft ist das Gegenteil der Fall: Andere Muskelgruppen des Pferdes werden beansprucht, die andere Art der kontrollierten Bewegung ohne Reitergewicht verschafft Ausgleich und Entspannung. Auf das Pferd wirkt sich all dies gymnastisch wie psychisch vorteilhaft aus: Es wird in der Regel ruhiger, ausgeglichener und durchlässiger.
- Wenn dein Verein, dem du bisher als Reiter angehört hast, für den Fahrsport keine geeigneten Möglichkeiten bietet, solltest du den Verein wechseln – selbst wenn du etwas längere Anfahrtszeiten in Kauf nehmen mußt.
- Ideal ist ein Reit- und Fahrverein, wo noch andere Fahrer zum gemeinsamen Sport animieren, wo ein qualifizierter Ausbilder sowie ein Fahrplatz und weiträumiges Gelände mit möglichst wenig Autoverkehr zur Verfügung stehen.
- Wenn du nämlich vor allem im Gelände fahren willst, so denk' daran: Es ist sehr aufwendig (und der Transport kann teuer sein!), wenn du jedes Mal Pferd, Wagen und Geschirr verladen mußt, um in eine geeignete Gegend zu gelangen.
- Bedenke zudem, daß dein Pferd auch im Winter bewegt werden muß. Falls du ihm diese Bewegung nicht durch Reiten oder auf andere Weise verschaffen kannst, so ist eine 20x60 m große Halle sehr hilfreich, in der in der kalten Jahreszeit zu regelmäßigen Zeiten gefahren werden kann.
- Erkundige dich auch nach einer geschützten Unterstellmöglichkeit für den Wagen!
- Wenn du nicht zu den Leuten mit der ganz dicken Brieftasche gehörst, solltest du dich vor der Anschaffung der Fahrausrüstung in Fachzeitschriften informieren, wo häufig *gebrauchte Geschirre und Wagen* ausgeschrieben sind. Ein Wagen, der nicht die strengen Anforderungen für Turniere erfüllt, kann übrigens für den Freizeitfahrer sehr gut geeignet sein.
- Wir selbst haben z.B. gute Erfahrungen mit einem preiswerten und soliden sogenannten Übungswagen mit Autorädern gemacht.
- Eventuell besteht auch die Möglichkeit, dir Wagen und Ausrüstung mit einem anderen Fahrer zu teilen.
- Unerläßlich ist es, bei der Auswahl von Geschirr und Wagen einen Fachmann deines Vertrauens zu Rate zu ziehen.

- Sehr hilfreich ist es natürlich, wenn dir der Fahrausbilder (wie es bei uns der Fall war) für die erste Zeit des Einfahrens das Geschirr ausleiht, bis du sicher sein kannst, daß dein Pferd ohne größere Schwierigkeiten vor dem Wagen geht.
- Weniger Kosten verursacht die **Kleidung** des Fahrers: Anders als der Reiter braucht der Fahrer für seine Ausbildung keinen speziellen Anzug. Allerdings sollte die Kleidung zweckmäßig und dem Umgang mit Pferden angemessen sein. Empfehlenswert ist jede Art von pflegeleichter, strapazierfähiger Bekleidung, die die nötige Bewegungsfreiheit gewährleistet. Bauschige, flatternde Kleidung ist ungeeignet, weil durch sie die Gefahr besteht, daß der Fahrer an Deichsel, Bracke, Radnabe oder Bremse hängen bleibt!
- Das **Schuhwerk** muß stabil sein und den Fuß fest umschließen. Sandalen oder anderes leichtes Schuhwerk bieten keinen ausreichenden Schutz vor Verletzungen durch Pferdehufe oder Wagenräder!
- Sehr zu empfehlen ist das Tragen von **Lederhandschuhen**, die weit genug sein sollten.
- Beim sportlichen Fahren auf Wettbewerben und Leistungsprüfungen richtet sich der Anzug von Fahrer und Beifahrer nach der Art der Prüfung, des Fahrzeugs und der Anspannung. Einzelheiten hierüber erfährt man aus der LPO oder den jeweiligen Ausschreibungen.
- Zur Ausrüstung des Fahrers gehört auf jeden Fall eine gebrauchsfähige **Peitsche**. Sie bedeutet für ihn dasselbe wie Schenkel und Kreuz für den Reiter.
- Wir empfehlen dem Hobbyfahrer ohne Turnierambitionen auch beim Fahren mit dem Sielengeschirr die wesentlich handlichere **Bogenpeitsche**, obwohl dies als nicht ganz stilecht gilt!
- Die **Kniedecke** schützt die Oberschenkel und die oberen Teile der Wade vor Verschmutzung durch die gefetteten Leinen. Sie verhindert außerdem, daß die Leinenenden zwischen die Beine des Fahrers fallen können. Sie kann aus einer kleineren Wolldecke oder aus passend geschneidertem, dicken Drell- oder Leinenstoff hergestellt sein. Beim Sportfahren in Prüfungen sollte sie im Farbton zum Wagen und zur Sitzpolsterung passen.
- Wenn du dir die entsprechende robuste, pflegeleichte Kleidung zulegst und deine Leinen nicht zu dick einfettest, so darfst du als Hobbyfahrer auf diese Kniedecke auch verzichten, falls du sie bei kühlerer Witterung nicht als Kälteschutz benutzen willst.

Für jeden Anfänger ist das Fahrlehrgerät ein unerläßliches Hilfsmittel.

2.3 Das Fahrlehrgerät

• Für den Anfänger ist das Fahrlehrgerät ein unerläßliches Hilfsmittel. Er kann an ihm ausgiebig üben, ohne dabei die Pferdemäuler zu mißhandeln! In guten Fach- und Fahrschulen sind größere Fahrlehrgeräte vorhanden, an denen mehrere Schüler gleichzeitig unterrichtet werden können.

Am Fahrlehrgerät lernt und übt der Schüler folgende Fertigkeiten:
– *die Leinenhaltungen und den Wechsel von einer Haltung zur anderen,*
– *das Verkürzen und Verlängern der Leinen,*
– *das Fahren von Wendungen und Kehrtwendungen mit beiden Händen,*
– *das Fahren von Wendungen mit einer Hand.*

• An diesem Gerät lernst du, in Verbindung mit mentalem Training, alle genannten Handgriffe so gründlich, daß du sie am Ende beherrschst, ohne hinsehen zu müssen.
• Damit der Schüler von Anfang an das richtige Gefühl für Handstellung und Peitschenhaltung bekommt, wird mit Handschuhen und

Fahrpeitsche oder Handarbeitsgerte geübt. Ein kleinerer Stock oder eine Reitgerte aber sind besser als gar kein Peitschenersatz!.

• Am Fahrlehrgerät lassen sich auch die anfänglichen „Fahrschmerzen" am besten überwinden. Da die Leinenhaltungen und Griffe zunächst ungewohnt und anstrengend sind, verursachen sie Schmerzen in Handgelenken und Unterarmen, die mit den „Reitschmerzen" (Muskelkater) des Reitanfängers vergleichbar sind. Das Lehrgerät gibt dir die Möglichkeit, die neuen Handgriffe sowohl zeitlich als auch in ihrer Intensität beliebig und vernünftig zu dosieren.

> **Ich lasse mir Haltungen, Griffe und Einwirkungen mit den Leinen unbedingt zuerst am Fahrlehrgerät beibringen – auch wenn ich dafür einen weiteren Weg in Kauf nehmen muß. Ich benutze für meine Anfängerübungen auf gar keinen Fall die Fahrkandaren an empfindlichen Pferdemäulern!**

mein Vorsatz

• Nachdem du die ersten Stunden beim Fahrlehrer hinter dir hast, kannst du dir für das weitere Üben zu Hause ein kleineres, preiswertes Übungsgerät für eine Person leicht selbst basteln:

• Du besorgst dir (z.B. in einem Laden für Heimwerkerbedarf) einen Holzbock und zwei Holzschrauben mit Metallösen. Diese schraubst du im Abstand von 40 – 50 cm oben an und ziehst durch jede Öse eine etwa 60 cm lange kräftige Schnur. Daran hängst du ein Gewicht von ungefähr 1 Kg (z.B. 2 Hufeisen) und knotest an das obere Ende zwei Zügel – schon ist dein Heimlehrgerät fertig!

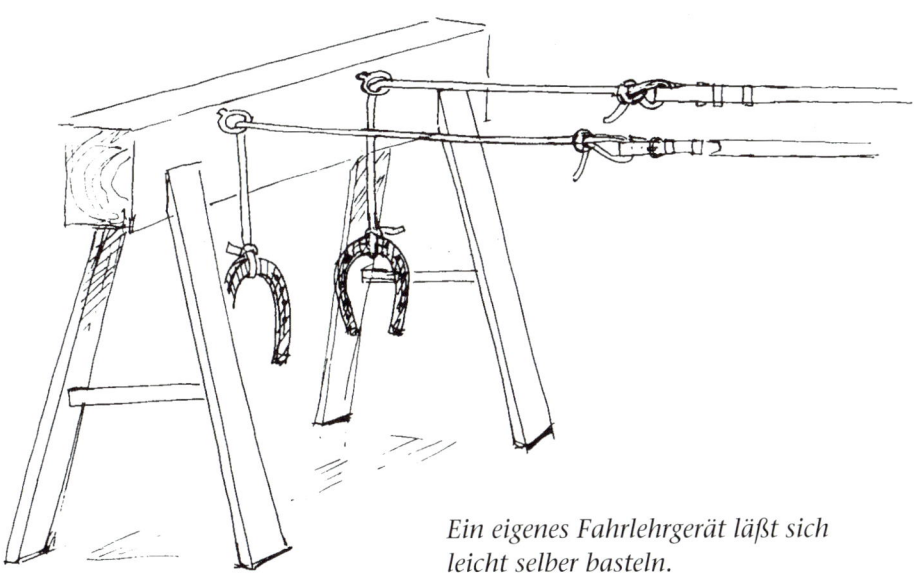

Ein eigenes Fahrlehrgerät läßt sich leicht selber basteln.

- Dieses einfache Gerät kannst du natürlich auch gleich zu Anfang benutzen, wenn du etwa einen Fahrlehrer in deiner Nähe hast, der dir Einzelstunden gibt. Ebenso hilfreich kann dein „Privatgerät" sein, wenn du nach einer längeren Fahrpause wieder in Übung kommen willst.

Kapitel 3

Fahrerische Grundlagen

3.1 Leinenhaltungen

Allgemeines

Die Leinenführung bei Einspännern ist dieselbe wie bei Zweispännern. Es gelten dabei die folgenden *Grundregeln*:

- Beide Leinen gehen durch die linke Hand, wobei Zeige- und Mittelfinger die Leinen teilen: Die linke Leine verläuft über den Zeigefinger, die rechte unter dem Mittelfinger.
- Beide Hände sind an der Leinenführung beteiligt. Ausnahme: wenn die rechte Hand für andere Zwecke, z.B. für den Gebauch der Peitsche oder zum Bremsen (Handbremse), gebraucht wird.
- Eine Leine soll nicht durch die Finger rutschen. Das Verkürzen oder Verlängern der Leinen erfolgt durch einen vorgeschriebenen Griff.
- Das Pferd wird nur mit den Leinen pariert, den Wagen hält man mit der Bremse an.

> **Wer die Bremse zu wenig benutzt, wirkt zuviel mit den Leinen ein, was das Pferdemaul hart und unempfindlich macht!** *beachte*

- Die Peitsche wird durch die rechte Hand betätigt, die sich vorher von den Leinen gelöst hat, damit das Pferd nicht im Maul gestört wird.
- Auch die Handbremse wird mit der rechten Hand bedient, nachdem die Peitsche in die linke Hand gewechselt wurde, damit die Peitschenschnur das Pferd während des Bremsens nicht berührt.

> **Wenn Gefahr droht, ist jeder Griff erlaubt, der einen Unfall verhindert.** *hilfreich*

- Der Fahrer hält die Leinen mit den unteren drei Fingern der linken Hand. Daumen und Zeigefinger sind für die Peitschenhaltung zuständig.

Kapitel 3

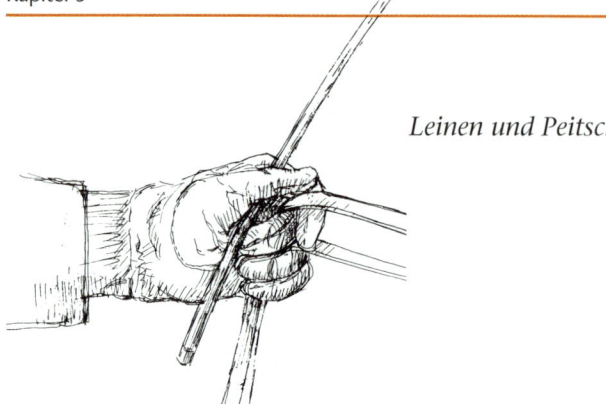

Leinen und Peitsche in einer Hand.

Wir unterscheiden zwischen drei verschiedenen Arten der Leinenführung:
- Grundhaltung,
- Gebrauchshaltung,
- Arbeits- oder Dressurhaltung.

Grundhaltung
• Diese Haltung ist die Ausgangshaltung, auf der sich auch das Fahren mit Vier- und Sechsspännern aufbaut.
Beide Leinen liegen dabei glatt ausgedreht mit den Haarseiten nach oben in der linken Hand, die linke Leine verläuft über den Zeigefinger, die rechte zwischen Mittel- und Ringfinger.
• Beide Leinen werden von Mittel-, Ringfingern und den kleinen Fingern fest umschlossen. Daumen und Zeigefinger der linken Hand sind leicht gekrümmt geöffnet, um jederzeit die Peitsche übernehmen zu können.

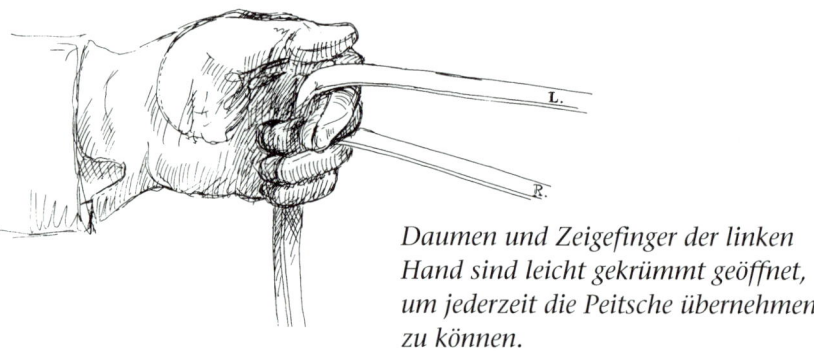

Daumen und Zeigefinger der linken Hand sind leicht gekrümmt geöffnet, um jederzeit die Peitsche übernehmen zu können.

• Die linke Hand steht etwa eine Handbreit vor der Leibesmitte, der Ellenbogen liegt zwanglos am Körper an. Der Handrücken steht senkrecht und ist im Handgelenk leicht nach innen eingewinkelt. Mit der rechten Hand, die halb rechts vor der linken Hand in gleicher Höhe steht, wird die Peitsche gehalten. Das Griffende der Peitsche ragt

Fahrerische Grundlagen

ca. 10 cm nach unten aus der Hand heraus, die Peitschenspitze zeigt nach links-vorwärts-aufwärts.

Gebrauchshaltung

- Diese Haltung entlastet bei längeren Fahrten und zum Entwickeln aller weiteren Griffe die linke Hand.
  - Die linke Hand bleibt dabei wie in der Grundhaltung stehen.
  - Die rechte Hand wird auf der rechten Leine so vor die linke Hand gelegt, daß die drei unteren Finger die rechte Leine von oben so umfassen, daß die Fingerspitzen die Fleischseite (unten) der Leinen fühlen. Außerdem wird die Peitsche von Daumen und Zeigefinger der rechten Hand gehalten.

Die linke Hand steht etwa eine Handbreit vor der Leibesmitte.

- Bei richtiger Handhaltung nimmt die im Schwerpunkt (meist durch einen Metallring gekennzeichnet) angefaßte Peitsche die richtige Stellung ein: schräg-links-vorwärts-aufwärts.
- Auch in der Gebrauchshaltung hält die linke Hand (in Grundhaltung) beide Leinen so fest, daß sie nicht herausrutschen können. Bei längeren Fahrten ist es zulässig,

Gebrauchshaltung

daß sich die Finger der linken Hand leicht öffnen und bewegen, um Ermüdung auszuschalten. Dabei müssen jedoch die Finger der rechten Hand die Leinen besonders sicher halten.

Arbeitshaltung (Dressurhaltung)

- Die Arbeitshaltung wird eingenommen, wenn die Pferde dressurmäßig gearbeitet werden, wenn sie nicht korrekt geradeaus gehen, auf schlechten Straßen, in schwierigem Gelände und in Dressurprüfungen, falls dort keine andere Leinenführung verlangt wird. Es ist jedoch zu beachten, daß Peitschenhilfen aus der Grundhaltung heraus gegeben werden müssen.

Arbeitshaltung

• Wie oben bleibt die linke Hand in Grundstellung. Die rechte Hand (die in der Gebrauchshaltung voll auf der rechten Leine liegt) zieht bei der Arbeitshaltung die rechte Leine mit den drei untersten Fingern (Mittel-, Ringfinger, kleiner Finger), die die Leine fest umschließen, bei gleichzeitiger Senkrechtstellung ein Stück aus der linken Hand nach rechts-seitwärts-vorwärts heraus. Dabei darf die rechte Leine die Hand nicht verlassen. Die Länge des so entstehenden „Zwischenstücks" richtet sich nach der Handgröße des Fahrers und dem Gefahrensein der Pferde.

Beide Fäuste stehen in gleicher Höhe vor der Körpermitte.

• Die linke Hand wird von der Leibesmitte etwas nach links genommen, so daß beide Fäuste gleichmäßig links und rechts in gleicher Höhe vor der Körpermitte stehen.

• Beim Übergang in die Gebrauchshaltung holt sich die linke Hand das vorher herausgezogene Stück der rechten Leine, indem sie die linke Leine mit Daumen und Zeigefinger festhält, zur rechten Hand herangeht und mit dem Ringfinger und dem kleinen Finger das „Zwischenstück" zurückholt.

• Danach kommt die linke Hand wieder vor die Körpermitte, so daß die Pferde in der Gebrauchshaltung weiter geradeaus gehen.

Wichtig ist, daß ich, ohne auf meine Hände zu sehen, schnell und ohne Veränderung der Fahrtrichtung sowie des Tempos zwischen den drei Haltungen wechseln kann.

- Die beste Möglichkeit, diese Veränderung der Leinenhaltung zu üben, bietet das Fahrlehrgerät (vgl. S. 46 ff.), das alle Fehler in der Veränderung der Leinenlänge genau anzeigt. Beim praktischen Fahren würden diese Veränderungen zu einer Richtungsänderung führen und zudem das Pferdemaul unnötig strapazieren. Durch häufiges, intensives Üben am Fahrlehrgerät erwirbt der Schüler die Fingerfertigkeit, die er für die Fahrpraxis benötigt.
- Durch mentales Training wird das Erlernen der Leinenhaltungen und das Wechseln von der einen Haltung zur anderen wesentlich erleichtert und abgekürzt.
- Die Peitschenhaltung bleibt in der Dressurhaltung dieselbe wie in der Gebrauchshaltung: links-vorwärts-aufwärts.

3.2 Verkürzen und Verlängern der Leinen

Merke dir vorweg als wichtige Grundsätze:
- Jedes Verkürzen und Verlängern der Leinen erfolgt ausschließlich in der Gebrauchshaltung durch die rechte Hand. Das Durchrutschenlassen der Leinen gilt als Fehler!
- Alle für das Verkürzen und Verlängern der Leinen erforderlichen Griffe übst du gründlich und ausgiebig am Fahrlehrgerät. Dort erwirbst du die notwendige Sicherheit in der Handhabung der Leinen, bis du sie einzeln und zusammen verkürzen und verlängern kannst, ohne hinsehen zu müssen. Wenn später beim praktischen Fahren deine Aufmerksamkeit notgedrungen einmal ganz auf die Pferde oder auf störende Einflüsse gerichtet ist, wird dir diese Technik von großem Nutzen sein.

Verkürzen beider Leinen
Wir unterscheiden vier verschiedene Arten des Leinenverkürzens:
- Das zentimeterweise Verkürzen beider Leinen:
  Dabei geht die rechte Hand in der Gebrauchshaltung einige Zentimeter auf beiden Leinen vor und hält dort fest. Die linke Hand greift nach, dann nehmen beide Hände an. Wichtig ist, daß die linke Hand nie zu weit vorgeht, da sich sonst die zu langen Zwischenstücke zwischen der rechten und der linken Hand aufwöl-

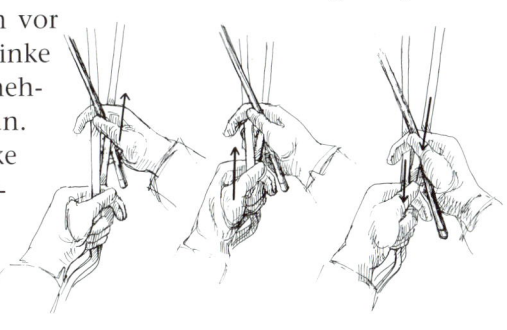

Das zentimeterweise Verkürzen beider Leinen

ben, die Leinen sich verdrehen oder der linken Hand entgleiten können.

- Verkürzen um ein bestimmtes Stück, zum Beispiel vor einer Rechtswendung:
Die linke Hand geht aus der Gebrauchshaltung unmittelbar vor die rechte Hand, die rechte Hand geht zur Gebrauchshaltung vor die linke. Beide Hände nehmen allmählich an. Dies ist die einzige Übung, bei der die linke Hand die Leinen verläßt. Sie ist nur bei Ein- und Zweispännern möglich.

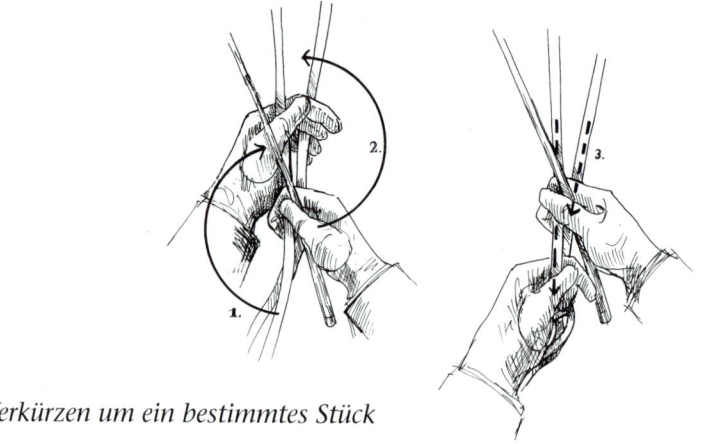

Verkürzen um ein bestimmtes Stück

- Vorübergehendes Verkürzen, z.B. beim Anhalten, Durchparieren, Tempoänderung, Gangartwechsel:
Die rechte Hand übergibt in der Gebrauchshaltung der linken die Peitsche, zieht ggf. die Handbremse an und übernimmt die Peitsche dann wieder. Anschließend greift die rechte Hand im Gebrauchshaltungsgriff so weit wie nötig auf den Leinen vor (etwa 20 cm) und nimmt an. Die rechte Hand geht nun mit den Leinen zurück, die linke Hand macht ihr nach oben Platz. Nach dem Verkürzen gehen beide Hände wieder in ihre alte Position zurück, ggf. wird die Handbremse gelöst.

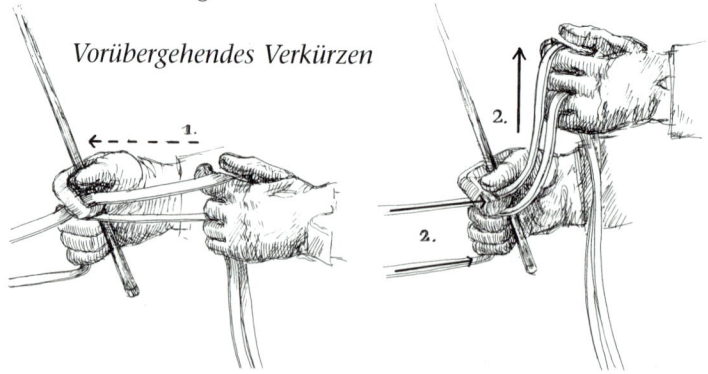

- Verkürzen der Leinen um ein größeres Stück:
Wenn beide Leinen für längere Zeit um ein wesentliches Stück verkürzt werden (z.B. bei Bergabfahrten), übergibt die rechte Hand die Peitsche an die linke und greift zur Bremse. Danach kommt die Peitsche wieder in die rechte Hand. Mit dieser erfaßt man hinter der linken Hand von unten beide Leinen mit Mittel-, Ringfinger und kleinem Finger und hält sie fest. Die linke Hand geht dann auf beiden Leinen ein größeres Stück vor und hält dort fest. Zuletzt geht die rechte Hand wieder in die Gebrauchshaltung, beide Hände nehmen an. Dies ist die schnellste Art der Leinenverkürzung.

Verkürzen der Leinen um ein größeres Stück

Wenn es rasch gehen muß, ist die durchgehende Parade die schnellste Form der Leinenverkürzung! *einprägen*

Verlängern beider Leinen:
- Es gibt nur eine Ausführung des Verlängerns beider Leinen. Dabei bleibt die linke Hand in der Position der Grundhaltung. Die rechte ist in Position der Gebrauchshaltung und zieht beide Leinen, in Fühlung mit den Pferdemäulern und in Richtung der Pferdemäuler, langsam

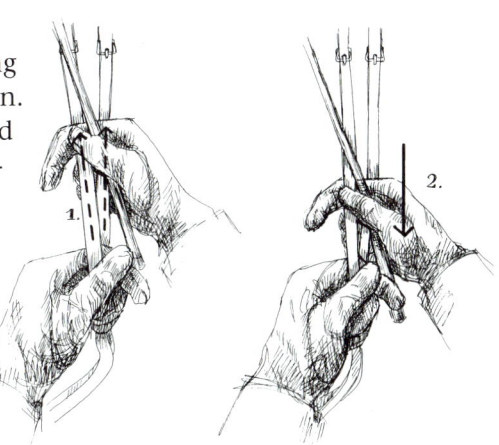

Verlängern beider Leinen

und gleichmäßig um das gewünschte Maß aus der linken Hand heraus. Danach geht sie wieder zur ursprünglichen Gebrauchshaltung vor der linken Hand zurück.

Verlängern und Verkürzen einzelner Leinen (Filieren):
• Für das Verlängern und Verkürzen einzelner Leinen mußt du dir ein hohes Maß an Fingerfertigkeit aneignen, das du wieder am Fahrlehrgerät intensiv trainierst. Bei allen Bewegungen, die du ausführst, muß die Peitsche ihre Richtung nach vorwärts-aufwärts behalten, die Schnur darf die Pferde nicht berühren. Weil das ruhige Halten der Peitsche nicht einfach ist, solltest du die Griffe am Fahrlehrgerät immer mit einem Stock als Peitschenersatz üben.

Es gibt vier Arten des Verlängerns und Verkürzens einzelner Leinen:

- Verlängern der rechten Leine:
  Hierbei umfaßt deine rechte Hand in Gebrauchshaltung mit dem Zeigefinger (Drehpunkt) die linke Leine etwas fester. Die drei unteren Finger der rechten Hand ziehen durch eine drehende Bewegung (bei der der Handrücken nach oben geht) die rechte Leine aus der linken Hand heraus. Wenn nötig, wird der Vorgang einige Male wiederholt.

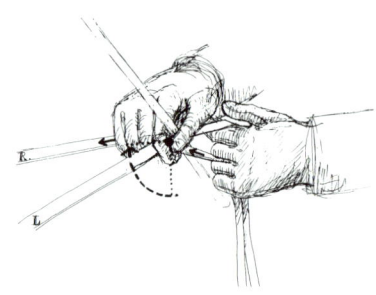
Verlängern der rechten Leine

- Verkürzen der rechten Leine:
  Um die rechte Leine zu verkürzen, schiebst du in der umgekehrten Bewegung wie beim Verlängern durch Drehung nach vorwärts-abwärts die Leine in die sich leicht öffnende linke Hand. Achte dabei besonders darauf, daß die Peitschenschnur die Pferde nicht berührt!

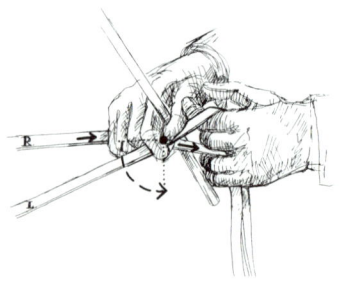
Verkürzen der rechten Leine

Fahrerische Grundlagen

- Verlängern der linken Leine:
Du drehst die rechte Hand in der Gebrauchshaltung (die unteren drei Finger halten die Leine fest) um den Drehpunkt des kleinen Fingers nach vorwärts-abwärts und holst mit dem rechten Zeigefinger die linke Leine zentimeterweise aus der linken Hand heraus. Bei Bedarf den Vorgang wiederholen!

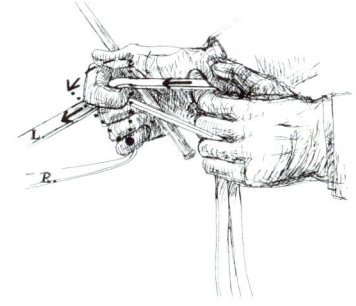

Verlängern der linken Leine

- Verkürzen der linken Leine:
Zum Verkürzen schiebst du mit der rechten Hand in der umgekehrten Bewegung wie beim Verlängern durch eine Drehung nach vorwärts-abwärts die linke Leine in die linke Hand.

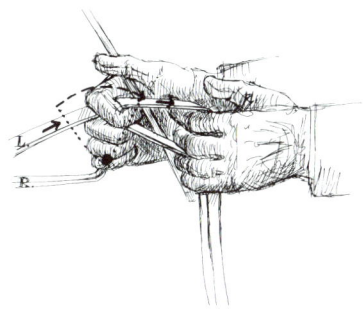

Verlängern der linken Leine

3.3 Stimme und Peitsche

Die Stimme
- Weil Gewichts- und Schenkelhilfen fehlen, ist beim Fahren der Einsatz der Stimme als Hilfe noch wichtiger als im Reitsport.
- Zwar wird die Stimmhilfe bei Prüfungen und Wettkämpfen meist stillschweigend toleriert, aber nicht offiziell befürwortet. Nur bei Dressurprüfungen kann es für deutlichen Stimmeinsatz Punktabzüge geben. Aber auch hier benutzen erfolgreiche Fahrer ihre kaum zu hörenden Schnalz- oder Zischlaute – etwa zum Zulegen oder Zurücknehmen des Tempos oder beim Wechseln der Gangart.
- Für dich als Hobby- und Freizeitfahrer ist die Stimmhilfe noch viel wichtiger!
- Setze sie sparsam ein, benutze, wie beim Longieren, für deine Aufforderungen stets denselben Tonfall und dieselben Worte.
- Das Heben der Stimme regt an, das Senken beruhigt. Du hebst also die Stimme, wenn du eine höhere Gangart verlangst, du senkst sie zum Übergang in eine niedrigere oder zum Halten. Besteh konsequent darauf, daß das Pferd sofort reagiert, sobald du ein Kommando oder eine andere Aufforderung gibst. Erfolgt keine Reaktion, so ver-

Kapitel 3

leihst du der Stimme mit der Peitsche kurz Nachdruck. Danach wiederholst du das Kommando ohne Peitschenhilfe.
• Der fortgeschrittene Fahrer wird in der Regel allein mit den Leinenhilfen das Zeichen zum Antreten oder Antraben geben. Als Hobby- und Freizeitfahrer jedoch solltest du dir bei Bedarf die hilfreiche Einwirkungsmöglichkeit der Stimme zunutze machen!
• Ein Schnalzen z.B., das wie ein Kuß mit gespitzten Lippen in die Luft gegeben wird, hat sich zum Anfahren, Antraben oder Zulegen bewährt.
• Unerläßlich ist die beruhigende Stimmeinwirkung, wenn ein Pferd erschrickt oder nervös und ängstlich ist.
• Jeder Ausbilder von Pferden kennt und schätzt die Wirkung der Stimme als Mittel des Lobes! Ein langgezogenes „braaav" beispielsweise oder „guuuter Bub" beantworten unsere Pferde mit aufmerksamem Ohrenspiel, ja fast einem Ausdruck von Stolz!

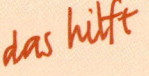
Die sparsam eingesetzte Stimme, die stets im selben Tonfall gesprochene Aufforderung, ist gerade beim Fahren eine wirksame Hilfe!

Die Peitsche
• Während des Fahrens hat der Fahrer die Peitsche immer in der Hand, denn nur mit ihr kann er wirksame vortreibende Hilfen geben.

Die Stockpeitsche zum Brustblattgeschirr

Die Bogenpeitsche zum Kumtgeschirr

- Je nach Anspannungsart (Stil) wird die **Bogenpeitsche** (Schwanenhalspeitsche) oder die **Stockpeitsche** (Juckerpeitsche) verwendet.
- Die Bogenpeitsche gehört zur englischen oder Stadtanspannung, also zum Kumtgeschirr. Die Stockpeitsche verwendet man zur korrekten Anspannung eines Landgespanns in Brustblattgeschirren (Sielengeschirren). Die stilechte Bogenpeitsche soll aus hartem, unbiegsamen Dornholz sein.
- Die Stockpeitsche ist ein gerader, fester, aber elastischer Stock, an dessen Ende die Peitschenschnur befestigt ist.
- Der Freizeit- und Hobbyfahrer jedoch braucht sich nicht starr an diese Stilfragen zu halten: Da die Bogenpeitsche wesentlich handlicher und leichter anzuwenden ist, darf er sie ruhig auch bei der Anspannung mit dem Brustblattgeschirr benutzen!
- Das junge Fahrpferd muß schon zu Beginn seiner Ausbildung an den Gebrauch der Peitsche gewöhnt werden, damit es frühzeitig lernt, vor der Peitsche zwar Respekt, aber keine Angst zu haben.
- Um nicht im Pferdemaul zu stören, gibt der Anfänger die Peitschenhilfe stets in der Grundhaltung. Die rechte Hand geht also aus den Leinen und ist frei für den Einsatz der Peitsche. Du kannst dabei den Peitschenstock vorher auf dem rechten Oberschenkel aufsetzen und verlängern. Nach dem Gebrauch hältst du ihn wieder etwa 20 cm oberhalb des dickeren Endes. Als fortgeschrittener Fahrer kannst du die Peitschenhilfe auch geben, indem du die Leinen in beiden Händen hältst. Entscheidend ist immer, daß die Pferde dabei nicht im Maul gestört werden.

Zum Verlängern wird die Peitsche auf dem rechten Oberschenkel aufgesetzt.

- Die Peitschenhilfe soll lautlos sein. Knallen mit der Peitschenschnur ist unfachgemäß und regt die Pferde unnötig auf! Wichtig ist, daß der Fahrer gelernt hat, die Peitsche aus dem ganzen Arm von oben nach unten zu führen und dabei die Schnur dort anzulegen, wo er sie haben will.
- Zum **Üben des Peitschengebrauchs** und der Treffsicherheit kannst du eine Attrappe benutzen, die anstelle der Pferde vor den Wagen gestellt wird: z.B. ein ca. 1,50 m langes Brett, das (wie ein Pferd) in Längsrichtung zur Deichsel in etwa 1,30 m Höhe an zwei Pflöcken (z. B. Springständern etc.) angebracht wird. Wichtig ist, daß du immer oben vom Kutschbock aus übst, damit die gleichen Voraussetzungen

wie später in der Praxis gegeben sind. Vor allem wenn du keinerlei Übung im Gebrauch der Peitsche mitbringst (etwa aus der Praxis des Longierens), ist die Nutzung dieser Attrappe sinnvoll und hilfreich.

Zum Üben des Peitschengebrauchs ist eine Attrappe sinnvoll.

• Peitschenhilfen können nur dann die gewünschte Wirkung erzielen, wenn die Pferde ordnungsgemäß mit Blendkappen ausgerüstet sind: Da fast jedes Gespann aus Pferden mit unterschiedlichem Temperament besteht, würde das faulere Pferd nur antreten, wenn es die Peitsche sieht, das temperamentvollere oder heftigere Pferd dagegen sich ständig aufregen und ängstlich zur Peitsche schielen!

Wir unterscheiden drei Peitschenhilfen:
  – *die treibende,*
  – *die versammelnde,*
  – *die strafende.*

• Bei der **treibenden Peitschenhilfe** legt der Fahrer die Peitschenschnur von außen dicht hinter dem Kammdeckel an das Pferd an und gibt entsprechend nach, ohne die Verbindung zum Pferdemaul aufzugeben. In Wendungen wird das innere Pferd angetrieben, damit es den Wagen durch die Wendung zieht.
• Bei der **versammelnden Peitschenhilfe** hält der Fahrer mit den Leinen vermehrt Verbindung zum Pferdemaul (Anlehnung) und läßt die Peitschenschnur hinter dem Kammdeckel wirken.
• Bei der **strafenden Peitschenhilfe** wird der Schlag vor dem Kammdeckel gegeben, wobei die linke Hand entsprechend gegenhält.

- Die strafende Peitschenhilfe darf nur aus wirklich begründetem Anlaß (wie Beißen oder Schlagen) eingesetzt werden. Wenn ein Pferd z.B. scheut, weil es ängstlich ist, darf es auf keinen Fall gestraft werden! Im Gegenteil: In diesem Fall versucht der Fahrer, es mit der Stimme zu beruhigen. Gelingt dies nicht, sollte der Beifahrer es am Gegenstand seiner Angst vorbeiführen.
- Beim An- und Ausspannen wird die Peitsche quer über den Bock gelegt oder in den dafür vorgesehenen Köcher gesteckt.
- Die richtige Aufbewahrung der Peitsche ist wichtig, um ihre Form zu erhalten.
- Nach dem Fahren wird die Peitsche gereinigt und gelegentlich eingefettet.

Wirke mit der Peitsche so fein wie möglich und nur aus begründetem Anlaß ein!  *ein Muß*

3.4 Lerntips

- Übe alle Leinenhaltungen und Griffe von Anfang an genau und korrekt. Später umzulernen, ist wesentlich schwieriger, als sich diese Bewegungsfolge gleich richtig einzuprägen.
- Such dir den allerbesten Lehrer aus, den du bekommen und bezahlen kannst.

Ein guter, teurer Lehrer ist letztlich kostengünstiger als ein billiger, schlechter Lehrer!  *mir ist klar*

- Alle Leinenhaltungen und Griffe lernst du unbedingt zuerst an einem Fahrlehrgerät (s. S. 46 ff.) und nicht etwa mit der Fahrkandare am Pferdemaul.
- Nimm vor allem am Anfang Einzelstunden, wann immer es möglich ist.
- Als Vorübung verfeinerst du das Gefühl für deine Hände, indem du jeden einzelnen Finger durchfühlst. Bewege die Finger, die dir dabei Schwierigkeiten machen.
- Wende die vorstehend empfohlene Entspannungsübung an (s. S. 23 ff.), wenn du spürst, daß du verkrampft bist.
- Du läßt dir die jeweiligen Leinenhaltungen und Griffe genau zeigen und fragst sofort zurück, wenn du etwas nicht ganz genau verstanden hast.

- Du wiederholst die einzelnen Schritte im Selbstgespräch, das du am Anfang nach Möglichkeit laut führst. Für die Grundhaltung etwa: „Ich nehme die linke Leine über den Zeigefinger und die rechte Leine zwei Finger darunter. Daumen und Zeigefinger lasse ich für die Peitsche leicht geöffnet." – Später in Kurzform: „Zwei Finger dazwischen – oben geöffnet".
- Du hast nun die Leinen in der Hand – und mußt unbedingt sofort Bescheid wissen, ob alles richtig ist. Wenn der Lehrer das nicht von sich aus bestätigt, frage danach!
- Wenn du nun die Leinen für eine der drei Haltungen am Fahrlehrgerät das erste Mal richtig führen kannst, bittest du um eine kleine Pause, in der du den neuen Gefühlseindruck so intensiv wie möglich auf dich wirken läßt. Du spürst die Haltung deiner Hände und mit den jeweiligen Fingern die Leinen.
- Du versuchst, so genau und sensibel wie möglich zu empfinden und diesen Gefühlseindruck festzuhalten.
- Du hast nun beispielsweise für die Grundhaltung die Leinen richtig in der Hand. Laß dir jetzt einen Moment Zeit und spüre, so genau du kannst, was du in der linken Hand fühlst. Empfinde, wie die linke Leine über deinen Zeigefinger und die rechte zwischen Mittel- und Ringfinger durchläuft. Du fühlst, wie deine unteren drei Finger (Mittel-, Ringfinger und kleiner Finger) die Leinen festhalten. Du spürst, wie Daumen und Zeigefinger leicht geöffnet sind.
- Dann nimmst du die Peitsche in die linke Hand und empfindest, wie du sie auf den Mittelfinger auflegst und mit Daumen und Zeigefinger festhältst. Dieses Gefühl prägst du dir so genau wie möglich ein.

Du empfindest, wie die Leinen in deiner linken Hand liegen.

- Auch das dazugehörige Bild muß dir deutlich vor Augen sein: wie die linke Hand in der Grundhaltung aussieht, wie die Peitsche dabei schräg nach links oben steht.
- Danach spielst du die neu gelernte Leinenhaltung in deiner Vorstellung noch einmal intensiv durch, ohne die Leinen in der Hand zu halten. Zu diesem Zweck bittest du den Lehrer um eine kurze Pause.

• Probiere aus, ob dir diese Vorstellung besser mit offenen oder geschlossenen Augen gelingt.
• Eventuelle spätere Korrekturen deines Lehrers wie „Daumen und Zeigefinger für eine etwaige Aufnahme der Peitsche leicht geöffnet lassen" oder „nur mit den drei unteren Fingern (Mittel-, Ring- und kleiner Finger) die Leinen festhalten" nimmst du in dein Selbstgespräch auf.
• Dieses Selbstgespräch reduzierst du zuletzt auf eine Kurzform wie „offen" (Daumen und Zeigefinger) oder „unten" (untere drei Finger festhalten).
• Das Selbstgespräch führst du (bei Einzelstunden) zuerst vor deinem Lehrer laut und später stumm bzw. in Gedanken. Du wendest es an, bis es überflüssig geworden ist, weil du die richtigen Handgriffe nun automatisch beherrschst.
• Sage beim Selbstgespräch immer, was du tun, und nicht, was du nicht tun willst. Du sagst dir beispielsweise für den Wechsel von der Grund- zur Gebrauchshaltung: „Ich greife mit den unteren drei Fingern und der rechten Hand zwischen die Leinen und umfasse damit die untere rechte Leine. Daumen und Zeigefinger umschließen die Peitsche."
• Du übst später all dies noch einige Male mental ohne deinen Lehrer und stellst dir wieder ganz genau vor, wie es ausgesehen und sich angefühlt hat.
• Dieselben Lernschritte führst du genau so intensiv beim Verkürzen und Verlängern der Leinen durch.
• Diese Fertigkeiten gehören nun dir, sie sind dein Eigentum: Du kannst die so geübten Haltungen und Griffe jetzt in der Praxis ausführen. Und du wirst erstaunt sein, wie gut sie klappen.
• Du bittest deinen Lehrer, dir beim praktischen Fahren zu sagen, ob deine Leinenhaltungen und Griffe richtig sind, falls er es nicht von sich aus tut.
• ***Du nimmst etwaige Korrekturen in dein Selbstgespräch auf.*** Mir als Reiter fiel es z.B. am Anfang schwer, in der Gebrauchs- und Arbeitshaltung die Leine unter dem kleinen rechten Finger zu halten, anstatt, wie gewohnt, in der Reiterfaust zwischen dem kleinen Finger und dem Ringfinger. Mit einem Selbstgespräch, „kleiner Finger über die Leine" (danach Kurzform „drüber") konnte ich diesen Fehler gleich zu Beginn abstellen.
• Du bittest deinen Lehrer darum, dein Selbstgespräch zu überwachen und mit dir zusammen sinnvoll zu gestalten.
• Du darfst die Kontrollfunktion deines Lehrers immer wieder in Anspruch nehmen, also nicht nur am Anfang. Bedenke, daß sich Fehler sehr schnell verfestigen und daß sie soviel leichter im Entstehen zu beseitigen sind.

nur Mut — **Ich traue mich, meinen Fahrlehrer um diese Dinge zu bitten, auch wenn es mir ungewöhnlich erscheint. (Ein guter Lehrer wird dies akzeptieren oder sich sogar darüber freuen.) Wenn ich nicht zufrieden bin, muß ich notfalls den Lehrer wechseln.**

• Wenn du nun das neu Gelernte in die Praxis umgesetzt hast, kommen neue Erfahrungen und Eindrücke hinzu: die erhöhte Position auf dem Bock, die Verbindung zum Pferdemaul, das Schnauben des Pferdes, das Rattern des Wagens, die neue Umgebung auf dem Fahrplatz oder im Gelände.
• Diese neuen Eindrücke nimmst du ebenfalls in dein mentales Training auf.

Kapitel 4

Vor und nach dem Fahren

4.1 Auf- und Ausschirren

• Normalerweise wird im Stall aufgeschirrt. Wichtig ist, daß das Pferd vor dem Aufschirren sorgfältig geputzt ist. Denn auch geringe Verschmutzungen können, wenn sie gerade unter einem Geschirrteil liegen, zu Druck- und Verletzungsstellen führen!

Es wird in folgender Reihenfolge aufgeschirrt:
- *Auflegen des Brustblattes oder Kumts,*
- *Auflegen des Selletts oder Kammdeckels,*
- *Befestigen des Schweifriemens,*
- *Befestigen der Bauchgurte, mit eingelegtem Sprungriemen,*
- *Auflegen des Hintergeschirrs,*
- *Auflegen des Fahrzaumes,*
- *Einziehen und Befestigung der Leine.*

• Mach dir die geringe Mühe, die Pferde während des Aufschirrens mit einem Halfter anzubinden. Sie stehen dann ruhiger, was dir die Arbeit erleichtert.

• Zum Aufschirren ordnest du alle Geschirrteile. Bei jungen oder unruhigen Pferden ist zu empfehlen, Brustblatt und Kumt **mit aufgerollten Strängen** sowie Kammdeckel einzeln, also nicht zusammengeschnallt, aufzulegen. Bei älteren Pferden, die an das Aufschirren gewöhnt sind, dürfen diese Geschirrteile, wie beim Fahrgebrauch, zusammengeschnallt bleiben.

Aufrollen der Stränge

Brustblatt und Kammdeckel einzeln auflegen

Kapitel 4

Geduld Vor allem beim Umgang mit jungen oder unruhigen Pferden sind Geduld und Ruhe das oberste Gebot!

• Du legst den Kammdeckel (das Sellett) über den linken Unteram, ergreifst jeweils an der linken und rechten Seite das Brustblatt an der Stelle, wo der Halsriemen angeschnallt ist, und streifst es dem Pferd vorsichtig – ohne an seine Augen zu stoßen – über den Kopf. Den Anbindestrick hast du für diesen Moment gelöst! Du drehst nun den Geschirrteil in Mähnenrichtung am Pferdehals und legst den Kammdeckel (das Sellett) dicht hinter dem Widerrist auf den Rücken.

Überstreifen des Brustblattes   *Auflegen des Kammdeckels*

• Auf dieselbe Weise wird das Kumtgeschirr aufgelegt. Allerdings wird das Kumt mit der unteren breiten Seite nach oben (also mit der Spitze

*Das Kumt wird mit der
breiteren Unterseite über die Ohren gestreift ...
und dann in Mähnenrichtung gestreift.*

66

nach unten) an den Zugkrampen gehalten. Dicht hinter dem Genick, an der dünnsten Stelle des Halses, drehst du das Kumt dann, wieder in Mähnenrichtung, richtig herum und legst es an die Schulter, bevor du den Kammdeckel (das Sellett) auf den Rücken legst. Während du das Kumt auflegst, faßt du gleichzeitig mit einer Hand den Sprungriemen an der Zugkrampe, damit diese beim Auflegen nicht stört.
• Bei jungen oder besonders ängstlichen Pferden ist es ratsam, die Kumtbügel vom Kumtpolster zu lösen, dieses vorsichtig über den Kopf zu streifen und dann die Kumtbügel und anderen Geschirrteile (Stränge, Kammdeckel usw.) einzeln zu befestigen.
• Wenn Brustblatt oder Kumt nicht mit dem Kammdeckel (Sellett) verbunden waren, so mußt du jetzt Oberblattstößel und Oberblattstrupfe verbinden.
• Darauf folgt das Anlegen des Schweifriemens: Du ergreifst kurz unterhalb der Schweifrübe die Schweifhaare und hebst diese zusammen mit der Schweifrübe an. Beide schiebst du durch die Schweifmetze, die von der anderen Hand gehalten wird und die du bis dicht an den Schweifansatz oder die Schweifrübe schiebst.

Beim Anlegen des Schweifriemens werden Schweif und Schweifrübe zusammengehalten und dann durch die Schweifnetze gesteckt.

• Dann ordnest du vereinzelte Schweifhaare. Auch bei älteren Pferden, die an diesen Vorgang gewöhnt sind, solltest du dabei aus Sicherheitsgründen neben der Hinterhand und nicht direkt hinter den Hinterhufen stehen!

Du läßt auch bei braven, älteren Pferden die Sicherheitsvorkehrungen nie außer Acht! *paß auf*

• Benutze keine schnallbaren Schweifmetzen, da sich die Schweifhaare darin verfangen und ausreißen können! Hängengebliebene Schweifhaare beunruhigen die Pferde und können sogar Panik verursachen.

• Ist die Schweifmetze angebracht, wird der Kammdeckel (das Sellett) in die richtige Lage (kurz hinter den Widerrist) gelegt, der große, breite Bauchgurt lose zugeschnallt. Der am Kumt angebrachte Sprungriemen wird nur am großen Bauchgurt befestigt. Beim Einspännergeschirr schnallt man den kleinen schmaleren Bauchgurt – die Scherenstrupfe – nicht zusammen, da mit ihm zunächst die Schere befestigt werden muß. Beim Zweispännergeschirr wird dieser Gurt weit geschnallt.

• Der Fahrzaum wird so aufgelegt: Der Fahrer steht links seitlich am Pferdekopf, nimmt den Fahrzaum mit der rechten Hand am Genickstück und hält ihn etwa in Augenhöhe vor die Stirn des Pferdes. Er muß dabei darauf achten, mit den Blendklappen nicht in die Augen zu stoßen! Die linke Hand nimmt das Gebißstück in der vollen Breite und schiebt es dem Pferd ins Maul, während gleichzeitig die rechte Hand den gesamten Zaum hochzieht. Wenn das Genickstück glatt hinter den Ohren sitzt, streicht man den Schopf der Mähne unter dem Stirnband und dem Spieler glatt. Er wird nicht, wie beim Reitpferd, über den Stirnriemen gelegt! Der Kehlriemen wird so geschlossen, daß auch bei Beizäumung genügend Platz im Kehlgang bleibt (mindestens eine flache Hand muß zwischen Kehlgang und Kehlriemen Platz haben).

Auflegen des Fahrzaumes

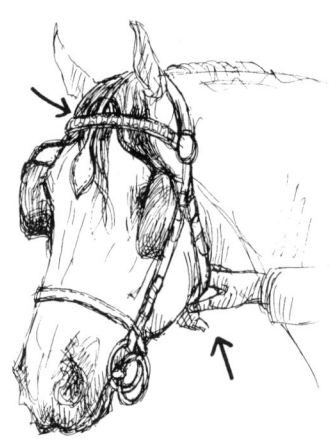

Das Stirnband wird beim Fahrpferd über den Schopf gelegt. Der Kehlriemen muß auch bei Breitzäumung genügend Platz lassen.

• Die Kehlriemenschnalle – beim Zweispänner die jeweils äußere – sollte in derselben Höhe wie die Backenriemenschnallen stehen.

- Der Nasenriemen wird so eng geschlossen, daß zwischen ihn und dem Nasenrücken gerade noch zwei Finger passen. Bei zu weit geschnallten Nasenriemen ist die korrekte Lage von Backenstücken und Kandare nicht gewährleistet! Der Nasenriemen wird an den Durchlässen in der Schnalle des Backenstücks so hoch eingestellt, daß die Lefzen nicht gedrückt und die Jochbeinleiste nicht gescheuert werden können.

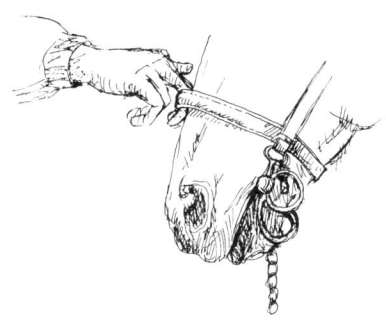

Der Nasenriemen muß für zwei Finger gerade noch Platz lassen.

- Die Blendklappen, die mit dem Backenriemen fest verbunden sind, also am oberen Rand keinen Einschnitt haben, stehen leicht nach außen und so hoch, daß das Pferdeauge im oberen Drittel der Klappe liegt, an der Stelle, wo sich eine kleine Ausbuchtung befindet.

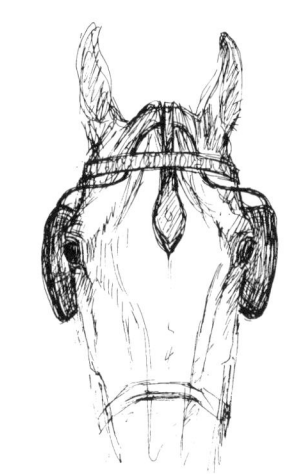

Die Blendklappen dürfen auf keinen Fall mit den Augenwimpern in Berührung kommen.

- Achte darauf, daß die Blendklappen auf gar keinen Fall mit den Augen oder den Augenwimpern in Berührung kommen! Die aus versteiftem Leder bestehenden Blendriemen stellen die Blendklappen nach außen.
- Das Gebiß muß so im Maul liegen, daß die Maulwinkel (Lefzen) nicht hochgezogen werden, aber auch nicht auf den Zähnen (bei Hengsten und Wallachen nicht auf dem Hakenzahn) aufliegt. Das Gebiß muß der Breite des Pferdemaules angepaßt sein. Die seitlichen Teile der Kandare haben eine leichte seitliche Stellung nach außen, damit sie nicht an den Backen scheuern.

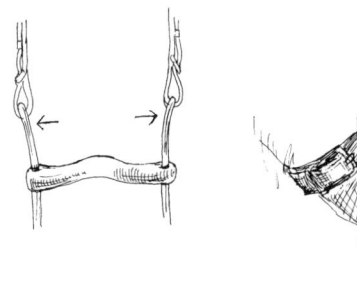

Das Gebiß darf die Maulwinkel nicht hochziehen. Es ist oben leicht nach außen gebogen, damit es nicht scheuert.

- Der Kinnkettenhaken ist so lang, daß die Kinnkette genau in der Kinnkettengrube liegt. Seine Öffnung zeigt nach oben, damit er sich nicht an der Deichsel oder am Nachbarpferd verhaken kann. Die Kinnkette wird glatt gedreht und so eingelegt, daß der Kandarenbaum in einem Winkel von etwa 45 Grad zur Maulspalte und zur Kinnkettengrube steht.

Die Kinnkette wird so eingelegt, daß der Kandarenbaum bei anstehenden Leinen einen Winkel von 45° bildet.

- Zuletzt wird die Leine durch die Leinenführungsringe eingezogen. Sie liegt stets glatt und mit der Haarseite nach oben. Die Leine mit der Schnalle ziehst du beim linken Pferd ein, die Leine mit dem Struppenende beim rechten. Dies erleichtert dir das Zu- und Aufschnallen und gewährleistet, daß die Leine immer auf demselben Pferd eingezogen wird (bei verschnallten Leinen wichtig!). Beim Einspänner führst du die Leine durch die Leinenführungsringe am Sellett und am Halsriemen. Die Schnallenden werden je nach gewünschter und erforderlicher Schärfe am Gebiß befestigt:

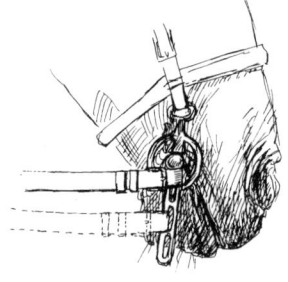

Die Kandare wird umso schärfer, je tiefer die Leinen eingeschnallt sind.

- Wenn die Wirkung weich sein soll, so wird bei der Doppelringtrense die Leinenschnalle in beide Ringe geschnallt. Die Wirkung der Trense ist stärker, wenn du die Leine nur in den Gebißring einschnallst.
- Kandaren wirken umso schärfer, je tiefer die Leine am Seitenteil der Kandare (Kandarenbaum) geschnallt ist, weil dadurch die durch die Kinnkette erzeugte Hebelwirkung verstärkt wird.
- Wenn die Leine dicht unter dem Gebißstück um den Balken herumgeschnallt ist, handelt es sich um die weiche Schnallung. Bei Zweispännern wird an der Außenseite der Schaumring mit eingeschnallt, nicht jedoch an der Innenseite, da dieser wegen des schrägen Zuges der Innenleine gegen die Lefzen des Pferdes drücken würde.

Versuche immer, mit der weichsten Zäumung auszukommen! *sei fair*

- Ähnlich, wie oben beschrieben, wird beim Zweispänner aufgeschirrt: Die Haarseite der Leinen liegt nach oben, die Leine mit dem Schnallenende kommt nach links, die mit der Strupfe nach rechts. Das angeschnallte Kreuzstück der Leine zeigt nach innen, so daß die durchgehende Leine immer die äußere ist. Beim Brustblattgeschirr (Sielengeschirr) wird die innere (kreuzende) Leine nicht durch das Leinenauge geführt (das fälschlicherweise manchmal am Halsriemen angebracht ist). Korrekte Zweispänner-Brustblattgeschirre haben am Halsriemen keinen Leinenführungsring, da dieser durch die Spannung der Innenseite vom Hals abgezogen würde.

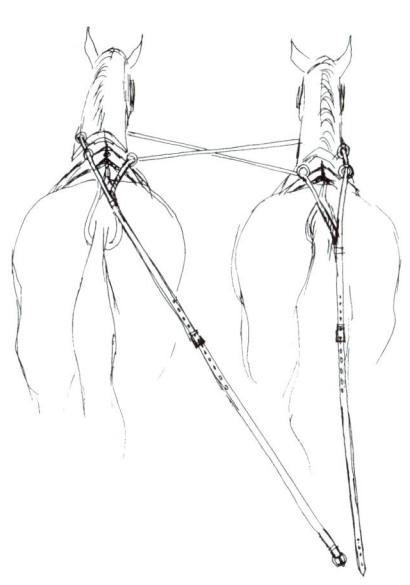

Die Leinen mit der Schnalle nach links

- Beim Kumtgeschirr läßt sich das innere Leinenauge nach oben und unten bewegen. Hier wird die Leine beim Aufschirren mit hindurchgezogen.
- Da die Innenleine jedoch nach dem Anspannen zum Nachbarpferd führt, wird diese zunächst nur im Kehlriemen befestigt, indem die Strupfe von vorn nach hinten durch den Kehlriemen geführt und dann von rückwärts durch die Schlaufe gesteckt wird, die sich an der

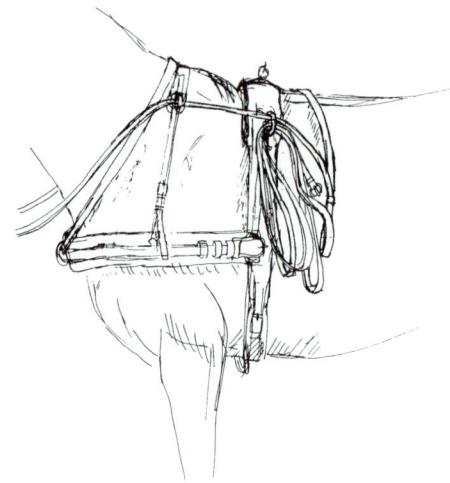

Wegstecken der Leinen

Schnalle befindet. Die Leinenenden (die beim Zweispänner noch nicht zusammengeschnallt sind) werden am Leinenschlüssel des Kammdeckels (beim Einspänner am Oberblattstößel des Selletts) so befestigt, daß sie, wenn die Pferde zum Wagen geführt werden, weder herabhängen, hängenbleiben noch reißen können.
• Die Stränge legt man unter dem Schweifriemen über den Rücken.

Kontrolliere nach dem Aufschirren die zweckmäßige, korrekte Lage der Geschirre nach folgenden Gesichtspunkten:

– *Das Brustblatt des Sielengeschirrs soll mit seiner Unterkante etwa zwei Finger breit über dem Buggelenk liegen, ohne bei normaler Halshaltung den unteren Halsrand zu berühren. Da das Pferd im schweren Zug den Hals senkt, wird es in seiner Atmung behindert, wenn das Brustblatt höher liegt. Eine tiefere Lage dagegen beeinträchtigt die Schulter-Vorderbein-Bewegung.*

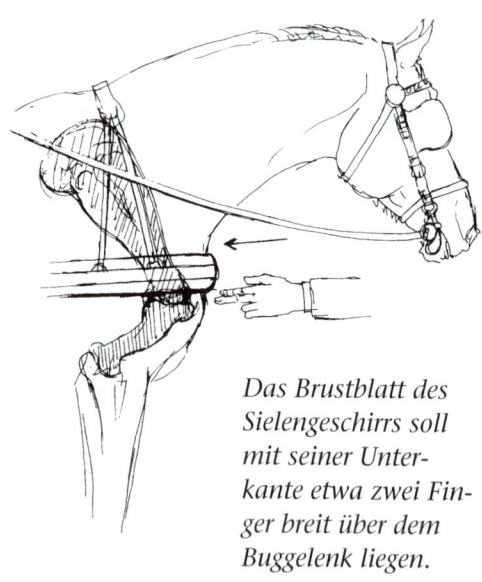

Das Brustblatt des Sielengeschirrs soll mit seiner Unterkante etwa zwei Finger breit über dem Buggelenk liegen.

Vor und nach dem Fahren

Bei empfindlichen Pferden kann ein Lammfellüberzug über dem Brustblatt (wie er auch für Sattelgurte verwendet wird) Druck- und Scheuerstellen verhindern. 

- Beim Zweispännergeschirr liegt der Aufhaltering des Brustblatts zur Deichsel hin. Wenn er mehr zur äußeren Seite des Pferdes zeigt, hast du die Geschirre verwechselt! Das linke Geschirr liegt auf dem rechten Pferd und umgekehrt.

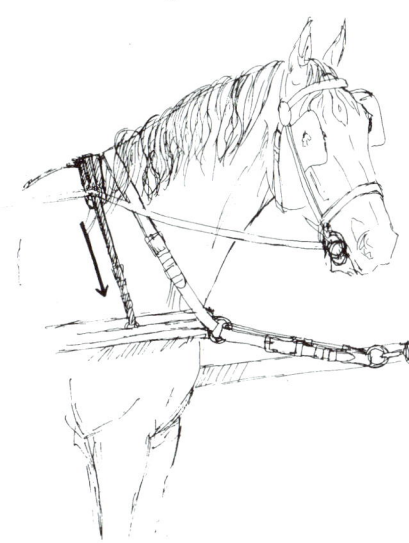

- Der Halsriemen liegt auf dem Hals des Pferdes, und zwar kurz vor dem Widerrist in der Halskerbe. Von dort verläuft er leicht nach vorne bis an das Brustblatt. Er darf niemals von der Halskerbe aus nach hinten verlaufen! Dadurch entstünde ein starker Druck, der zu Verletzungen führt. Der Halsriemen ist so lang geschnallt, daß er das Brustblatt in der richtigen Höhe trägt. Das Tragen der Deichsel dagegen ist Aufgabe der Halskoppel.

Der Halsriemen liegt auf dem Hals des Pferdes in der Halskerbe.

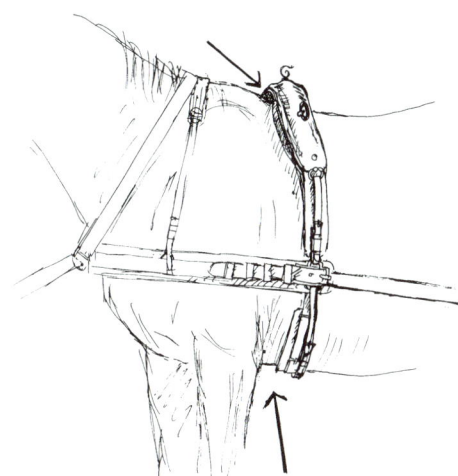

- Das Sellett (der Kammdeckel) liegt etwa 10 cm hinter dem höchsten Punkt des Widerristes und darf mit seinem oberen Teil den Rücken nicht berühren. Ist dort zwischen Pferderücken und Leder- bzw. Stahlbügel nicht genügend Platz, so muß der Kammdeckel nachgepolstert werden. Notfalls, aber nur für kurze Zeit, kannst du dir mit einem Stück Schaumgummi oder einer anderen weichen Schutzunterlage aushelfen.

Das Selett liegt etwa 10 cm hinter dem höchsten Punkt des Widerristes.

- Der breite Bauchgurt befestigt das Sellett um den Bauch herum. Es liegt richtig, wenn es etwa eine Handbreit vom Ellenbogenhöcker entfernt ist. Wenn es zu dicht an den Vorderbeinen liegt, entstehen dort Scheuerstellen. Beim Zweispännergeschirr liegen die Schnallen jeweils an der Außenseite des Gespanns.

hilfreich **Auch hier kannst du bei empfindlichen Pferden durch einen Lammfellüberzug Scheuerstellen an der Unterseite des Selletts verhindern.**

- Der schmale Bauchgurt (Sprenggurt) beim Zweiergespann hat die Aufgabe, die seitlichen Bewegungen der Stränge einzuschränken, er darf deshalb entsprechend weit geschnallt werden. Kleiner Bauchgurt und Oberblattstrupfe/-stößel sind so geschnallt, daß auch im schwungvollen Trab die Zugrichtung der Stränge zwischen Zugkrampen und Ortscheit nicht gebrochen wird. Auch hier liegen die Schnallen an der Außenseite.
- Beim Einspännergeschirr trägt der obere Teil des kleinen Bauchgurtes, der beim Sellett breiter gearbeitet ist, die Scherenhalter. Sein unterer Teil hält diese Scherenhalter dicht am Sellett.
- Der Schweifriemen, der am Fallring des Selletts befestigt ist, soll verhindern, daß der Kammdeckel vorrutscht. Die Strupfen des Schweifriemens schließen mit der letzten Schlaufe ab, damit sich die Leine nicht darunter verfangen kann. Die Schweifmetze ist angenäht, sie darf keine Schnallen haben! Der Schweifriemen ist so lang geschnallt, daß er leicht federt, das Sellett aber stets in seiner Lage dicht hinter dem Widerrist hält.
- Der Schlagriemen des Einspännergeschirrs läuft durch eine Schlaufe des Schweifriemens. Nachdem er an der Schere über dem Kreuzbein befestigt worden ist, liegt er hinter dem Hüftbeinhöcker.
- Wird ein Hintergeschirr benutzt, so liegt der Umgang etwa eine Handbreit unter dem Sitzbeinhöcker. Er muß so verpaßt sein, daß man, wenn das Pferd an den Strängen zieht, rechts und links unterhalb des Sitzbeins je eine Faust zwischen Pferd

Das Hintergeschirr liegt etwa eine Handbreit unter dem Sitzbeinhöcker.

und Umgang stecken kann. Die Trageriemen sind so verschnallt, daß der Umgang nicht kanten und an den Hinterbeinen des Pferdes scheuern kann. Die Strangträger dürfen den geraden Zug des Pferdes mit den Strängen nicht unterbrechen.

- Das Kumt ist gut gepolstert und der Form des Halses anatomisch angepaßt (Birnenform!). Es liegt auf einer möglichst großen Fläche der Schulter auf und läßt Buggelenke und Luftröhre frei. Seine Lage ist richtig, wenn du mit den Fingerspitzen rechts und links seitlich zwischen Kumt und Pferdehals entlangfahren kannst und deine Faust unten zwischen Kumt und Luftröhre Platz hat. Zum Verpassen kann man die Kumte durch verschieden große Langringe (Kumtschließen) breiter oder enger stellen. Bei zu langen Kumtkissen schafft ein Keilkissen Abhilfe. Die Polsterung des Kumtkissens muß so stark sein, daß die Strangstutzen auf keinen Fall scheuern.

- Der Kumtgürtel zeigt mit der Strupfe immer zur Innenseite (beim Einspänner nach rechts), weil er so leichter gehandhabt und der Kumtbügel

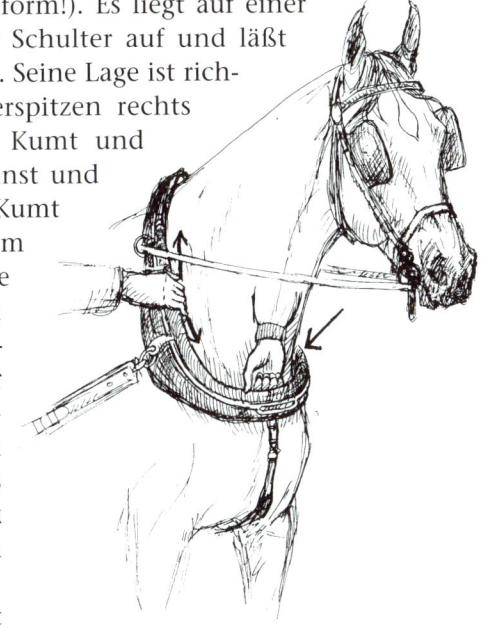

Das Kumt ist gut gepolstert und der Form des Halses angepaßt.

schnell gelöst werden kann, falls ein Pferd stürzt. Der Sprungriemen, der durch den Langring gesteckt ist und das Kumt umschließt, führt zum Bauchgurt und trägt dazu bei, die Lage des Kumts an der Pferdebrust zu sichern.

Das Abschirren

Das Abschirren nach dem Ausspannen erfolgt in umgekehrter Reihenfolge wie das Aufschirren:
- *Lösen der Leinen und Herausziehen aus den Leinenaugen,*
- *Abnehmen des Fahrzaumes und Anlegen des Halfters – evtl. wird das Pferd angebunden, damit weitere Handhabungen ungestört durchgeführt werden können,*
- *Aufrollen der Stränge,*
- *Lösen der Bauchgurte,*
- *Abnehmen des Schweifriemens,*

- *Abnehmen des Selletts, das über den linken Unterarm gelegt wird,*
- *Abnehmen des Brustblatts oder des Kumtes: Hierzu wird das Pferd losgebunden. Du drehst das Brustblatt bzw. das Kumt an der dünnsten Stelle des Halses, faßt es mit beiden Händen und streifst dann das Geschirrteil vorsichtig über den Kopf.*
- *Wenn dein Pferd sehr empfindlich ist, kannst du beim Abnehmen des Kumtes vorher den Kumtbügel lösen – das Lederpolster des Kumtes ist ohne Kumtbügel elastischer!*
- *Anbinden des Pferdes.*

• Es muß für dich selbstverständlich sein, daß du dein Pferd eingehend versorgst und pflegst, bevor es in den Stall kommt. Dabei untersuchst du es auch auf eventuelle Verletzungen und gelockerte Hufeisen hin.
• Das Geschirr wird ordnungsgemäß aufgehängt und gereinigt. Zuletzt säuberst du den Wagen und stellst ihn an seinen Platz zurück.

4.2 Abmessen der Leinen und Auf- und Absteigen

Während des Aufsteigens und Sichniedersetzens auf dem Fahrersitz ist es erforderlich, daß der Fahrer das Gespann bereits sicher in der Hand hat. Voraussetzung dafür ist, daß er dabei die vorher richtig abgemessenen Leinen in Grundhaltung in der Hand hält. Nur so ist es ihm möglich, z.B. mit unruhigen Pferden ohne Verzögerung geradeaus anzufahren und Unfälle zu vermeiden.

• Zum Aufnehmen der Leinen stellst du dich an der linken Gespannseite in Höhe und mit Blickrichtung auf den Kammdeckel (Sellett) bzw. das Kumt etwa einen Schritt vom Pferd entfernt auf. Dein ausgestreckter Arm muß dabei das Pferd erreichen können.

• Nun nimmt die rechte Hand beide Leinen hinter der Oberblattstrupfe heraus und legt die Handstücke von innen nach außen auf den linken Unterarm. Dadurch vermeidest du, daß die Handstücke auf dem Boden liegen und verschmutzen.

• Anschließend erfaßt die rechte Hand die ausgedrehte rechte Leine (Haarseite nach oben!) dicht hinter der Kreuzschnalle (bei Einspännerleine Nahtstück) zwischen Zeige- und Mittelfinger. Achte darauf, daß dabei die Leine durch die ganze Hand läuft und eine leichte Verbindung zum Pferdemaul hergestellt wird. So kannst du überprüfen, ob die Leine nirgendwo hakt.

• Die Verbindung zum Pferdemaul behältst du bei, wenn danach die rechte Hand an der rechten Leine herabgleitet, bis dein Arm auf der rechten Seite ausgestreckt ist. Halte die so ermittelte Stelle unbedingt fest!

Abmessen der Leinen

- Mit der linken Hand nimmst du nun die linke Leine, übergibst sie in die rechte volle Hand und verlängerst sie, indem du mit der linken Hand die linke Kreuzschnalle 5 cm über das Normalloch der rechten Leine nach vorn herausziehst.
- Grund für das Verlängern der linken Leine: Weil der Fahrer auf der rechten Bockseite sitzt, muß die linke Leine einen längeren Weg beschreiben. Das gilt allerdings in vollem Ausmaß nur bei normal großen Zweispännern! Beim Einspänner sitzt der Fahrer manchmal direkt hinter dem Pferd – dann wird die Leine natürlich nicht verlängert.
- Du übernimmst jetzt mit der linken Hand beide Leinen in der Grundhaltung (Zeige- und Mittelfinger zwischen den Leinen).

Die linke Leine wird um ca. 5 cm verlängert.

Dann verlängerst du aus der Gebrauchshaltung beide Leinen um soviel, wie es nötig ist, um den Fahrersitz zu erreichen. Dabei dürfen die Leinen nicht durchrutschen. Du brauchst ja sofort die gewünschte gleichmäßige Verbindung zum Pferdemaul. In der Regel werden die Leinen um etwa 20 cm verlängert, das Maß hängt jedoch von der Entfernung des Bocksitzes zu den Pferden ab.

• Vor allem bei ungeübten Fahrern und Pferden ist es ratsam und zweckmäßig, wenn beim Aufnehmen der Leinen ein Beifahrer vor den Pferden steht.

Ist dies nicht der Fall, so kann der Fahrer ein Seitwärtstreten der Pferde folgendermaßen verhindern:

Beim Leinenaufnehmen bildest du nach dem Verlängern beider Leinen mit der linken Leine eine größere Schleife. Diese liegt so unter dem linken Daumen, daß sie auf dem Bock losgelassen werden kann und herausgleitet. Da ja die linke Leine wegen des Fahrersitzes auf der rechten Bockseite etwas verlängert wurde, kann es passieren, daß vorzeitig antretende Pferde vom Fahrer weg nach rechts (kürzere Leine) wegdrehen. Mit der zusätzlich gelegten Schleife kannst du dies verhindern. Sie ermöglicht dir auch, das Gespann bei einem eventuellen Antreten nach links – um den Fahrer herum – zu wenden.

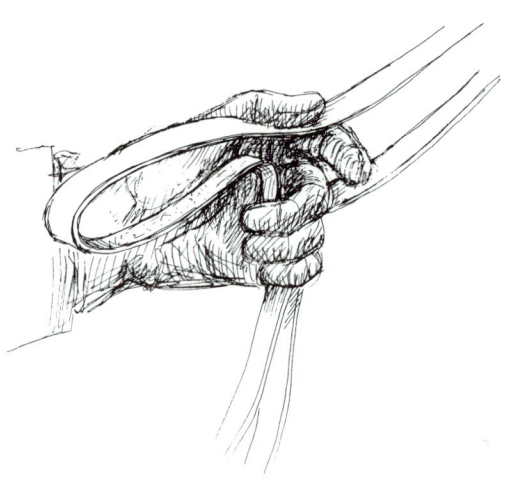

Vor dem Aufsitzen wird mit der linken Leine eine Schleife gelegt.

• Um den Wagen zu besteigen, trittst du rückwärts zum linken Vorderrad des Wagens zurück und behältst beim gesamten Vorgang die Pferde aufmerksam im Auge. Du steigst über Radnabe oder Aufsteigetritt auf, beginnst mit dem rechten Fuß und hältst dich mit der rechten Hand am Wagen fest. Sobald du auf dem Bock bist, nimmt die rechte Hand sofort die über dem Fahrersitz liegende Peitsche auf, oder du ziehst sie etwas später aus dem Peitschenköcher. Eine ev. vorher mit der linken Leine gelegte Schleife hast du inzwischen beim Aufsteigen durch-

Beim Aufsteigen behälst du die Pferde im Auge.

gleiten lassen, so daß beide Leinen nun gleichmäßig anstehen. Die Leinenenden legst du mit der freien rechten Hand neben den linken Oberschenkel.

- Beim Absteigen ist die Reihenfolge umgekehrt: Du übergibst die Peitsche der linken Hand in Grundhaltung, legst mit der freien rechten Hand die oben geschilderte Sicherheitsschleife, nimmst die Leinenenden über den linken Unteram, stehst auf, legst die Peitsche quer über den Fahrersitz und steigst – dabei immer die Pferde im Auge behaltend – rückwärts vom Wagen ab. Danach werden die Leinen zusammengelegt und mit dem Leinenende nach hinten unter der Oberblattstrupfe verstaut.

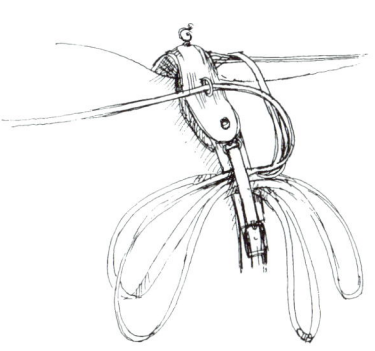

Die zusammengelegten Leinen werden in der Oberblattstrupfe verstaut.

> Versuche, dir diese Bewegungsabfolgen so genau wie möglich einzuprägen – auch wenn du anfangs den Eindruck hast, daß jede Einzelheit allzu pingelig vorgegeben wird. Die Exaktheit der Handgriffe ist sehr sinnvoll, weil sie der Sicherheit dient.

Erfolgsrezept

4.3 An- und Ausspannen

> Anfänger oder Freizeitfahrer, die nur ab und zu und in längeren Zeitabständen fahren, müssen für das An- und Ausspannen unbedingt einen sachkundigen Helfer haben.

Sicherheit

Das Anspannen

Einspänner

- Voraussetzung für korrektes Anspannen ist, daß sich der Wagen dabei an einem Ort befindet, wo keinerlei Gefahr für Mensch und Tier besteht. Die Bremsen sind angezogen, die Peitsche liegt mit dem Griff nach links über dem Bock oder steckt im Peitschenköcher. Um keinerlei Risiko einzugehen, solltest du einen Gehilfen hinzuziehen, der das Pferd während des Anspannens beaufsichtigt. Wer alleine einspannt, muß die Leine immer griffbereit haben!

Der Gehilfe hält die Scheren etwa in Brusthöhe und schiebt den Wagen an das Pferd heran.

- Nun führst du das aufgeschirrte Pferd an den Wagen heran und stellst es mit dem Kopf zur Fahrtrichtung davor. Der Gehilfe hält die Scheren etwa in Brusthöhe hoch, wirkt beruhigend mit der Stimme ein und schiebt dann den Wagen an das Pferd heran, so daß es zwischen den Scheren steht.

hilfreich **Vor allem bei jungen oder schreckhaften Pferden hat die Stimme beim Einspannen eine wichtige beruhigende Funktion!**

- Wenn das Pferd zwischen den Scheren steht, stellt sich dein Gehilfe vor das Pferd und gibt acht, daß es nicht vortritt.

Beim Anspannen gehst du wie folgt vor:
- Du legst die Schere in die Scherenträger, so daß diese in den Aufhaltehaken liegen. Du befestigst zuerst den linken, dann den rechten Scherenträger am Bauchgurt.
- Du befestigst die Stränge: zuerst den rechten, dann den linken.
- Danach wird der Schlagriemen an der Schere befestigt, wobei der Strang durch die Schlaufe des Schlagriemens an der Schere verläuft und somit zugleich als Strangträger dient.

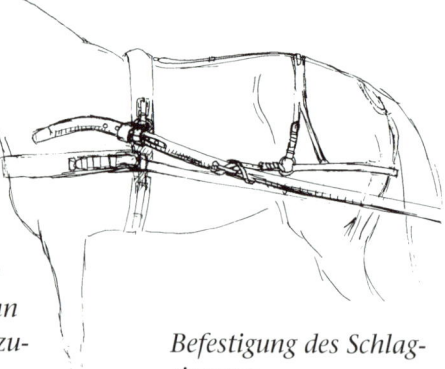

Befestigung des Schlagriemens

Vor und nach dem Fahren

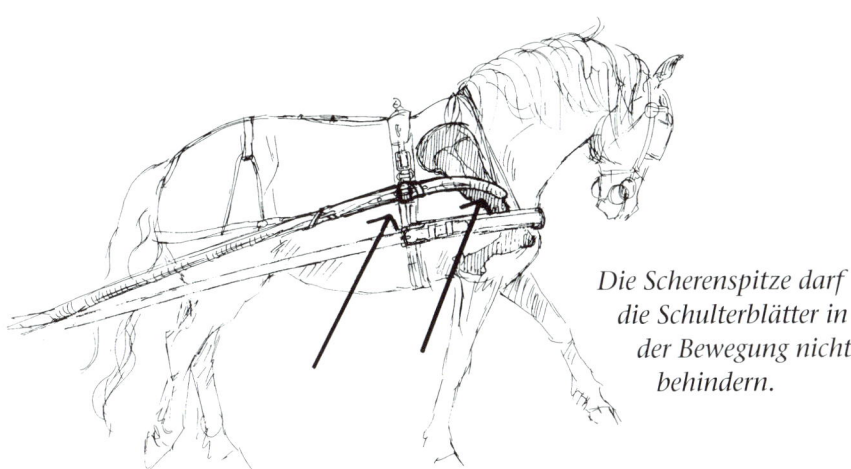

Die Scherenspitze darf die Schulterblätter in der Bewegung nicht behindern.

- Der Schlagriemen läuft durch den Schweifriemen in schräger Linie nach hinten an die Schere und wird in die Ösen eingeschnallt, die an der Schere angebracht sind. Er bewirkt eine Begrenzung nach oben, darf das Pferd jedoch nicht in seiner Bewegungsfreiheit behindern: Beim angespannten Pferd muß zwischen der Kruppe und dem Schlagriemen etwa eine Handbreit Platz sein.
- Nach dem Anspannen kontrollierst du nochmals alle Einzelheiten. Du achtest dabei vor allem genau auf die Länge der Stränge: Bei anstehenden Strängen darf der Scherenträger am Sellett nicht nach vorne gedrückt werden (zu kurze Stränge!), ebenso wenig darf die Scherenspitze am hinteren Ende vom Schulterblatt des Pferdes stehen (zu lange Stränge!).

Zweispänner

- In der Regel wird das erfahrenere, sicher gehende Pferd an der linken Seite angespannt, da diese dem Straßenverkehr zugewandt ist.

> **Der Gehilfe ist beim Anspannen von Zweispännern noch wichtiger als beim Einspänner. Nur der sehr geübte Fahrer mit absolut sicheren, gut eingefahrenen Pferden darf es sich zutrauen, allein anzuspannen! Die Pferde werden vorsichtig an das Fahrzeug geführt und an die Deichsel gestellt.** *nochmals*

> **Achtung: Durch die Blendklappen haben die Pferde nicht nach allen Seiten die volle Sicht, so daß sie sich leicht an Türrahmen, Wagen oder Deichsel stoßen können!** *denke daran*

Angespannt wird in der folgenden Reihenfolge:
- *Du befestigst die Innenleinen: Die Leine des Pferdes, das den Kopf höher trägt, liegt oben. Die Leinen sind so ausgedreht, daß die Haarseite nach oben zeigt.*
- *Du löst das rechte Leinenende aus dem Leinenschlüssel des rechten Pferdes und wirfst es über die Pferderücken zur linken Seite.*
- *Du schnallst die Leinen zusammen und legst sie von hinten nach vorn so hinter den Oberblattstößel, daß das Leinenschnallenende nach hinten zeigt.*
- *Du bringst den Aufhalteriemen (die Ketten) von innen nach außen durch den Aufhaltering, zunächst lang und ohne Durchstecken der Strupfen durch die Schlaufen.*
- *Du befestigst den rechten Außenstrang, dann den rechten Innenstrang am Ortscheit oder (bei Kumtanspannung!) an der Docke. Der Außenstrang wird zuerst befestigt, damit die Pferde nicht seitlich wegtreten können.*
- *Du befestigst die Stränge des linken Pferdes in derselben Reihenfolge: erst den Außen-, dann den Innenstrang.*
- *Dann verschnallst du die Aufhalteriemen oder Ketten (Passendmachen): Sie werden so lang geschnallt, daß die Aufhalter bei anstehenden Strängen gerade eine federnde Anlehnung zwischen Aufhaltering und Deichselbrille haben, ohne das Brustblatt oder das Kumt nach vorne zu ziehen. Die Deichselspitze steht, mit der Stirnlinie ungefähr gleichlaufend, etwa 20 cm vor der Brust der Pferde.*

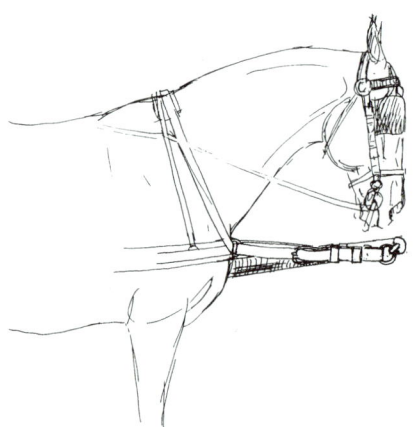

Die Deichselspitze steht, mit der Stirnlinie ungefähr gleichlaufend, etwa 20 cm vor der Brust des Pferdes.

- *Zuletzt wird das gesamte Gespann noch einmal überprüft. Dabei gurtest du die großen Bauchgurte so nach, daß die Kammdeckel ihre richtige, feste Lage haben.*
  Während des Anspannens bleibt der Gehilfe vor den Pferden stehen und hindert sie am Vortreten. Dabei faßt er sie am Backenstück des Zaumzeugs (nicht an den Leinen!) an.

• Der geübte Fahrer, der „Profi", der seine Pferde auch einmal allein anspannt, sollte folgende Vorsichtsmaßregeln beachten: Stell die Pferde mit den Köpfen vom Stall abgewandt oder mit Richtung zu einer Wand auf. Schon vor dem Heranführen an den Wagen hast du die Leinen befestigt und zusammengeschnallt. Ihr Ende behältst du dabei vorsorglich in der Hand. Auch wenn dir dies umständlich erscheint – es ist aus Sicherheitsgründen unerläßlich.

• Anspannung und Fahrbereitschaft des Gespanns haben der sorgfältigen Überprüfung standgehalten – nun ist alles bereit zur Leinenaufnahme und zum Aufsteigen!

Das Ausspannen

Das Ausspannen erfolgt in umgekehrter Reihenfolge wie das Einspannen.

- *Beim Einspänner ziehst du vor dem Absteigen die Bremse an, legst die Peitsche quer über den Bock oder steckst sie in den Peitschenköcher.*
- *Nach dem Absteigen löst du zuerst den Schlagriemen von der Schere, dann löst du die Stränge, die anschließend unter den Schweifriemen über den Rücken des Pferdes gelegt werden. Du befestigst die Leine hinter dem linken Oberblattstößel. Nach dem Lösen der Scherenträger legst du die Scheren vorsichtig auf den Boden und führst das Pferd nach vorne heraus.*

Die entsprechenden Handgriffe gelten auch beim Zweispänner:

- *Du verlängerst die Aufhalter, löst sie aber noch nicht vollständig!*
- *Du löst die Stränge beim rechten Pferd, zuerst den Innenstrang, danach den Außenstrang. Zuletzt legst du sie kreuzweise über den Pferderücken unter den Schweifriemen.*
- *Denselben Vorgang wiederholst du beim linken Pferd.*
- *Nun löst du die Aufhalter und legst sie über die Deichsel.*
- *Anschließend schnallst du die Leine auseinander, wirfst sie zum Gehilfen hinüber und befestigst sie in den Leinenschlüsseln.*
- *Du löst die Kreuzstücke vom Gebiß und befestigst sie in den Kehlriemen, indem du sie durch die Schlaufen einsteckst.*
- *Du führst die Pferde nach schräg vorne weg.*

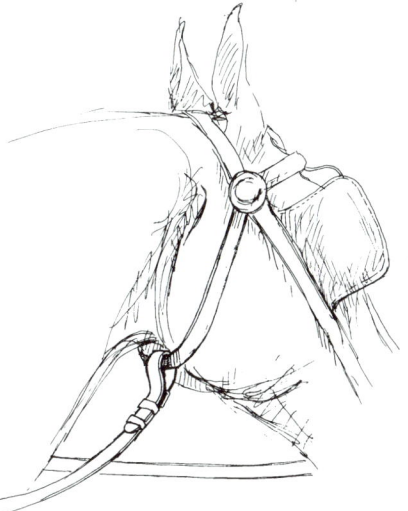

Du löst die Kreuzstücke vom Gebiß und befestigst sie in den Kehlriemen.

4.4 Lerntips

• Du verschaffst dir durch Anschauung (Zeigenlassen, Skizzen oder Fotos, Dias oder Videoaufnahmen) eine präzise Vorstellung von dem, was du lernen willst.

• Die genauen Abläufe versuchst du, dir wie in einem inneren Film vorzustellen und dabei alle Vorgänge so zu empfinden, als ob du sie wirklich ausführst. Bitte deinen Lehrer ruhig immer wieder um eine kleine Pause dafür.

• Wenn dir also beispielsweise gezeigt wurde, wie du auf- und abschirren sollst, so stellst du dir dies danach in der genauen Reihenfolge vor.

• Hierbei prägst du dir auch gleich die Bezeichnungen der einzelnen Geschirrteile ein, indem du sie laut benennst. Sei nicht ungeduldig mit dir: Es dauert normalerweise eine ganze Weile, bis dies klappt.

• Den inneren Film begleitest du wie in einem Drehbuch mit einem Selbstgespräch, in dem du sagst, was du Schritt für Schritt tun willst.

• Auch das An- und Ausspannen stellst du dir genau in der vorgegebenen Reihenfolge vor und sagst dazu, was du tust. Dies lernst du wesentlich leichter, wenn du weißt, daß die vorgeschriebene Reihenfolge gute Gründe hat und der Sicherheit dient.

• Auch deine praktischen Übungen im Vermessen der Leinen begleitest du mit einem vernehmbar laut gesprochenem Selbstgespräch, das zu Beginn ausführlicher ist und später in Kurzform abläuft, z.B.: „Jetzt (nach dem Abmessen) übergebe ich die Leinen in die Grundhaltung in die linke Hand." Kurzform: „Übergeben."

• Du fragst deinen Lehrer, ob deine ersten Bemühungen richtig waren, wenn er dir nicht von sich aus Bescheid gibt.

• Seine etwaigen Korrekturen nimmst du in dein Selbstgespräch auf, z.B. so: „Vor dem Abmessen der Leinen will ich meinen Standort beibehalten." Später: „Standort beibehalten." Oder ein anderes Beispiel: „rückwärts zum Aufsitzen gehen, die Pferde im Auge behalten", später: „rückwärts – beobachten."

• Wenn du den gesamten Vorgang vom Abmessen der Leinen bis zum Platznehmen auf den Bock, begleitet von deinem Selbstgespräch, durchgeführt hast, bittest du um eine kurze Pause. Du stellst dir alle Bewegungsabläufe noch einmal ganz genau so vor, wie sie sich in Wirklichkeit abspielen.

• Nimm, wenn irgend möglich, vor allem am Anfang Einzelstunden. Falls nur Gruppenunterricht in Frage kommt, kannst du die Pausen für mentale Übungen nutzen.

• Wenn du das Gefühl hast, daß du in der soeben ablaufenden Unterrichtseinheit nicht noch mehr an neuem Lernstoff bewältigen kannst, so bitte darum, es für dieses Mal genug sein zu lassen. Mentales Training ist eine sehr intensive und effektive Lernmethode, die viel weniger Wiederholungen und Fehlerquoten mit sich bringt als herkömmliche Methoden. Sie führt jedoch gleichzeitig schneller zu Ermüdung und Überforderung.

> Sag' Bescheid, wenn du das Gefühl hast, daß es genug an Neuem war, was du soeben gelernt hast. Halte die Häppchen lieber klein: Weniger ist bekömmlicher als zuviel auf einmal! Unterforderung ist besser als Überforderung. *Vorsatz*

• Zu Hause stellst du dir die neu gelernten Bewegungsabläufe noch einige Male vor und begleitest sie mit deinem Selbstgespräch. Dabei beziehst du auch außerfachliche Einzelheiten und Erlebnisse, also Bilder von der Umgebung, Geräusche, Gerüche und Empfindungen, in deinen inneren Film mit ein. Er soll möglichst farbig und vollständig sein!

Kapitel 5

Fahren auf geraden Linien

5.1 Anfahren, Antraben und Durchparieren

- Nachdem der Fahrer die Leinen aufgenommen, den Bock bestiegen, die Peitsche in die Hand genommen und auf der rechten Seite des Wagens Platz genommen hat, müssen die Pferde mit leichter Anlehnung am Gebiß (Folge der korrekten Leinenaufnahme) ruhig vor dem Wagen stehen.
- Auch nachdem der Beifahrer oder Gehilfe, auf Zeichen des Fahrers, von den Pferden weggegangen ist, dürfen sie erst dann **antreten**, wenn der Fahrer ihnen die Hilfen dafür gegeben hat.
- Der routinierte Fahrer mit gut ausgebildeten Pferden erreicht dies durch mehr „Fühlungaufnehmen" und leichtes Nachgeben mit den Leinen, evtl. auch durch ein geringfügiges Verlängern der Leinen.
- Die Hilfen zum **Antraben** sind dieselben wie zum Anfahren; sie dürfen bei weniger routinierten Fahrpferden in etwas verstärkter Form gegeben werden. Bei gut eingefahrenen Pferden gibst du die Leinen nach. Pferde, die es gelernt haben, die Leinen aufzusuchen, verstehen diese Hilfe, traben an und suchen von sich aus mehr Unterstützung an den Leinen.
- Diese Leinenhilfen verlangen vom Pferd sehr feine Reaktionen, die sich wesentlich von dem unterscheiden, was ein Pferd bei der Ausbildung als Reitpferd zum Antreten oder Antraben gelernt hat. Als Fahrer brauchst du beim Handhaben der Leinen Geschicklichkeit und Routine, denn es darf nicht passieren, daß du in einer anderen Situation, wie etwa beim Aufsitzen, die Leinen unbeabsichtigt in ähnlicher Weise annimmst und nachgibst wie beim Anfahren.
- Selbst bei erfolgreichen Turnierfahrern ist der Einsatz der stimmlichen Mittel eine Praxis, die toleriert wird! Du darfst also als Hobby- und Freizeitfahrer deine Stimme ebenfalls als Hilfe zum Anfahren, Antraben und Durchparieren einsetzen.
- Setze sie jedoch sparsam ein, und benutze, wie etwa beim Longieren, für deine Aufforderungen stets denselben Tonfall und dieselben Worte.
- Das Heben der Stimme regt an, das Senken beruhigt. Du hebst also die Stimme, wenn du eine höhere Gangart oder mehr Tempo verlangst, du senkst sie zum Übergang in eine niedrigere Gangart, beim Zurückführen des Tempos, zum Beruhigen oder beim Durchparieren zum Halten.

- Ein „komm!", „Terrapp!" z.B., wobei du die Stimme am Ende anhebst, oder ein mit gesenkter Stimme gerufenes „Haaalt" – den Pferden bereits vom Longieren bekannt – ist auch beim Fahren eine wirksame unterstützende Hilfe.
- Die stimmlichen Hilfen kannst du immer mehr verfeinern. Erinnere dich an das Teilkapitel „Stimme", in dem wir angeregt haben, z.B. durch das bewährte Schnalzen mit der Zunge die Hilfen zum Anfahren, Antraben oder Zulegen zu unterstützen.
- Gut erzogene und sachgemäß gefahrene Pferde lernen das ruhige Stehen vor dem Wagen und das ruhige, gleichmäßige Anziehen rasch und ohne Schwierigkeiten.

- Wenn trotzdem Schwierigkeiten auftreten, sei es, weil die Pferde jung und unerfahren sind, sei es, weil ein Pferd heftig wird oder der Wagen in schwerem Boden steht, so läßt man in schräger Richtung anziehen. Indem du die Pferde seitlich herübernimmst, bringst du zunächst einmal Bewegung in das Gespann, aus der heraus das anschließende Anziehen in gerader Richtung leichter fällt.

- Du fährst dein Gespann am besten immer zuerst im Schritt an, um die Pferde zur Ruhe zu erziehen. Vorher jedoch mußt du dich vergewisssern, daß die Fahrbahn frei ist, evtl. mußt du im Straßenverkehr außerdem ein entsprechendes Zeichen geben. Und denk daran, die Bremse zu lösen!

Gibt es Schwierigkeiten beim Anfahren, so kannst du eine Erleichterung schaffen, indem du das Pferd schräg anziehen läßt.

- **Um anzuhalten**, pariert der Fahrer mit Einwirkungen durch, die dem Ausbildungsstand der Pferde entsprechen, ggf. darf er die Leinen verkürzen. Der Wagen wird durch Bremsen angehalten. Sobald die Pferde stehen, werden die Leinen wieder nachgegeben. Falls erforderlich, gibst du ein Verkehrszeichen.

Kapitel 5

beachte **Der Wagen muß immer mit der Bremse, er darf nicht durch die Pferde angehalten werden!**

- Die vor dem Wagen stehenden Pferde sollten alle vier Beine gleichmäßig belasten und eine leichte Anlehnung am Gebiß behalten.

- Laß dein Gespann niemals aus den Augen! Wenn für längere Zeit angehalten wird, so steht der Beifahrer vor den Pferden, ohne jedoch in die Leinen zu greifen. Sollte es notwendig sein, daß er die Pferde hält, so geschieht dies an den Backenstücken der Zaumzeuge. Um sich keinem Risiko auszusetzen, achtet er darauf, daß die Deichselspitze nicht genau vor seinem Leib steht.

Geübte Pferde stehen gleichmäßig auf allen vier Beinen geschlossen und mit leichter Anlehnung am Gebiß.

5.2 Rückwärtsrichten

- Das Rückwärtsrichten wird sowohl in der Gebrauchshaltung als auch in der Arbeitshaltung ausgeführt. Zuvor hast du beide Leinen, entsprechend dem Ausbildungsgrad der Pferde, verkürzt.
Vor dem Rückwärtsrichten mußt du dir genau im klaren über den Weg sein, auf dem du den Wagen zurücksetzen willst! Beim Zurücksetzen, z.B. in eine Toreinfahrt hinein, mußt du den Einschlagwinkel exakt berechnen. Um durch Drehen der Hände die vorgesehene Richtung einhalten zu können, ist dabei die Arbeitshaltung zweckmäßig.

- Die sicher an den Hilfen stehenden Pferde veranlaßt du durch annehmende Leinenhilfen zum Einleiten des Rück-

Durchlässige Pferde treten diagonal, gleichmäßig und ruhig rückwärts.

88

wärtsrichtens. Nach dem Beginn des Rückwärtstretens denkst du an einfühlsames Nachgeben, damit die Pferde Tritt für Tritt in diagonaler Fußfolge ruhig zurücktreten können. Je nach Notwendigkeit, wiederholst du deine Hilfen mehrere Male. Du beendest das Rückwärtsrichten, indem du nachgibst und die Leinen um das vorher verkürzte Stück verlängerst.

• Achte auf möglichst feine Hilfengebung. Wenn die Pferde zurückeilen, so waren deine Hilfen zu stark! Übe das Rückwärtsrichten mit jungen Pferden am besten an einer leicht ansteigenden Stelle, an der der Wagen leicht zurückrollt.

Setze beim Üben auch die Stimme ein – unterstütze deine Hilfen durch den Zuruf „zurück!".

Wenn dein Pferd diesen Zuruf nicht kennt, übst du die Reaktion darauf am besten ohne Wagen in der Halle oder Reitbahn.

Das Rückwärtsrichten wird dann am leichtesten gelingen, wenn das Pferd diese Lektion bereits unter dem Reiter gelernt hat.

Bei auftretenden Schwierigkeiten am Wagen kann der Beifahrer von vorne helfen, die Pferde zurücktreten zu lassen.

> **Bemühe dich auch hier, deinem Pferd ganz klar zu vermitteln, was du von ihm willst. Und vergiß danach das Loben nicht!** *sei geduldig*

5.3 Lerntips

• Du nimmst für die oben genannten Lernziele möglichst wieder eine Einzelstunde.

• Wenn du spürst, daß du verkrampfst bist, führst du die empfohlene Entspannungsübung aus, die dir jetzt gewiß schon vertraut ist. Du weißt ja, daß du mit verkrampften Händen und Armen nur unzureichend empfinden und agieren kannst!

• Du verfeinerst noch einmal das Gefühl für deine Hände, indem du jeden einzelnen Finger durchfühlst. Jetzt klappt es vielleicht schon, ohne daß du die Finger vorher bewegen mußt.

• Bitte deinen Lehrer darum, dir das Gefühl in deinen Händen zu vermitteln, das du beim Anfahren oder Antraben haben

Laß dir von deinem Lehrer das Gefühl in deinen Händen vermitteln, das du bei richtiger Anlehnung haben sollst.

mußt: wie du aus der leichten Anlehnung heraus Fühlung aufnimmst und dann leicht nachgibst. Der Lehrer hat dabei die Leinen in seinen Händen, während du deren Enden hältst.
- Danach versuchst du, dieses Gefühl noch einmal so genau wie möglich und ohne die Verbindung zu den Händen deines Lehrers nachzuempfinden.
- Anschließend wiederholst du das Annehmen und Nachgeben, wobei der Lehrer den Vorgang mit stehenden Händen kontrolliert und so die Verbindung zum Pferdemaul simuliert.
- Um dasselbe Vorgehen bittest du ihn, wenn du dir das richtige Gefühl für das Durchparieren einprägen willst.
- Das Gelernte setzt du danach möglichst bald in die Praxis um. Wenn dies erst am folgenden Tag möglich ist, so kannst du den neuen Gefühlseindruck bis zur praktischen Umsetzung durch mentale Übungen festigen. (Du weißt inzwischen auch, ob dir dies besser mit offenen oder geschlossenen Augen gelingt!)
- Wenn du in einer Gruppe Fahrunterricht erhältst, hast du in den Pausen, während den anderen Handgriffe gezeigt oder erklärt werden, Zeit für deine mentalen Übungen.
- Beim praktischen Einüben des Anfahrens und Antrabens mußt du unbedingt sofort Bescheid wissen, ob du alles richtig gemacht hast. Wenn es der Lehrer nicht von sich aus bestätigt, frage ihn danach!
- Seine etwaigen Korrekturen hältst du in deinem Selbstgespräch fest, z.B.: „Vor dem Anfahren muß ich die Handbremse lösen." Später in Kurzform: „Handbremse!"
- Zu Hause wiederholst du die neuen Erfahrungen noch einmal in Form einer mentalen Übung, in die du möglichst viele konkrete Einzelheiten einbeziehst: Du siehst die eingespannten Pferde vor dir, spürst die Verbindung zu den Pferdemäulern, greifst die Leinen um, öffnest die Handbremse, greifst wieder die Leinen um und fährst an, hörst das Hufgeklapper usw.
- Nun gehören diese Fertigkeiten dir, sie sind dein Eigentum: Du kannst jetzt anfahren, antraben, durchparieren und anhalten. Und du wirst erstaunt sein, wie gut alles klappt! Sei ehrlich – hat sich der anfängliche Aufwand nicht mehr als gelohnt?
- Dieselben Lernschritte vollziehst du zu einem späteren Zeitpunkt ebenso intensiv am Beispiel des Rückwärtsrichtens.

Es lohnt sich **Wenn ich einen Gefühlseindruck mental übe, wird er mein Eigentum, das mir für immer bleibt.**

Kapitel 6

Fahren von Wendungen

6.1 Links- und Rechtswendungen

Grundregeln
Für das Fahren von Wendungen ist folgende Grundregel zu beachten:
- Jede Wendung wird durch Nachgeben mit der äußeren Leine eingeleitet, nie durch Ziehen an der inneren! Begründung: Das äußere Pferd muß ausreichend Bewegungsfreiheit haben, damit es den Wagen mit der festen Bracke vorwärts in die Wendung ziehen kann.
- Die Pferde sind in der Wendung nach innen gestellt, diese Stellung gibt der Fahrer mit den inneren Leine. Zieh die Pferdeköpfe nicht aus dem Kreisbogen nach außen! Achte darauf, daß sie deine Leinenhilfe abwarten, also ihr nicht zuvorkommen und sich von selbst in die Wendung werfen.
- Um die Bremsen zu bedienen und Platz für den Beifahrer zu lassen, sitzt der Fahrer auf der rechten Seite des Bocks. Er sitzt also in der Wendung nicht über dem Drehpunkt, der in der Mitte des Wagens liegt, sondern rechts davon. Deshalb sind für Rechts- und Linkswendungen verschiedene Griffe nötig.
- Rechtswendungen im engen Straßenverkehr fährt man im allgemeinen im Schritt. Linkswendungen kann ein geübter Fahrer wegen des größeren Bogens auch im abgekürzten Trab fahren.
- Wichtig ist, daß die Pferde vor jeder Wendung durch mehr „Fühlungnehmen" aufmerksam gemacht werden.
- Wenn eine Peitschenhilfe notwendig ist, gilt diese nur dem inneren Pferd. Wird das äußere Pferd vorgetrieben, so zieht es den Wagen zu stark in die Wendung hinein. Zudem werden die Pferde dadurch zu falscher Kopfstellung (nämlich nach außen) erzogen.

Linkswendungen
• Du verkürzst das Tempo und machst die Pferde auf die Wendung aufmerksam, indem du mehr Fühlung nimmst.
• Im Straßenverkehr (aber auch bei „Fahrerprüfungen", also beim sportlichen Fahren auf Turnieren) sieht der Fahrer sich vorher um und überzeugt sich davon, ob die Straße für ein Abwenden und Überqueren frei ist. Der Beifahrer oder ein Mitfahrender gibt mit Hand oder Kelle das Verkehrszeichen (vgl. S. 132 f.).

- Zur Wendung selbst hältst du die Leinen in Arbeitshaltung (Dressurhaltung). Beide Handrücken werden nach oben gedreht, zuerst der rechte, damit die rechte Leine nachgibt und die Wendung einleitet, dann der linke, um den Pferden Stellung zu geben und die Richtung zu zeigen. Die linke Leine läuft dabei hinter den Knöcheln über den linken Handrücken. Während der Wendung gehen beide Hände in Richtung der Pferde vor, um den großen Bogen der Linkswendung zu ermöglichen. Notfalls darf auch die rechte Hand die rechte Leine loslassen, damit die linke Hand genügend nachgeben kann.

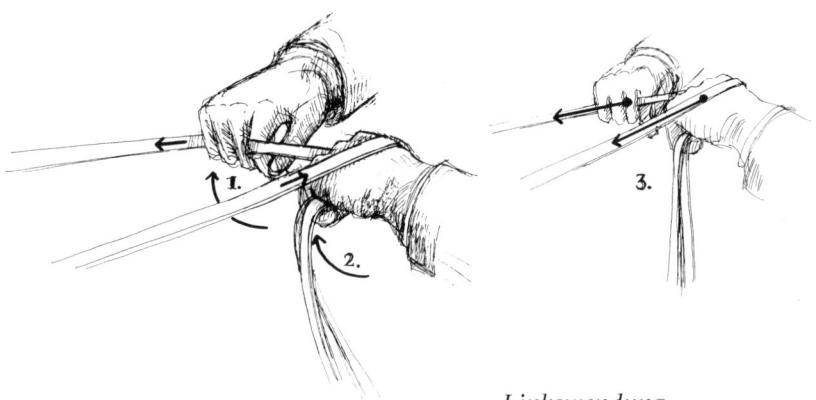

Linkswendung

- Bei besonders großen Wagen oder schwerem Zug kann es notwendig werden, vor der Linkswendung beide Leinen etwas zu verlängern. Bei kleineren oder mittelgroßen Wagen, vor allem bei Einspännern, genügt es meist, mit Händen und Armen vorzugehen, um die Leinen unter Beibehaltung der Anlehnung ausreichend zu verlängern.
- Um danach geradeaus zu fahren, stellst du zuerst die nachgebende linke Hand senkrecht und schraubst dann die rechte Hand ein: Beide Hände stehen also wieder in Arbeitshaltung.
- Das vorher verkürzte Tempo darfst du schon nach der Hälfte der Wendung wieder verstärken, indem du mit beiden Leinen nachgibst.
- Wenn du die linke Leine zu fest gehalten oder gar rückwärts gezogen hast, gerät dir das linke (also innere) Pferd aus dem Zug (den Strängen!).

Fahren von Wendungen

- Hast du die Leinen vor der Linkswendung verlängert, so mußt du sie danach natürlich wieder entsprechend verkürzen.

Da im Straßenverkehr Rechtsverkehr herrscht, muß dort die Linkswendung in einem großen Bogen gefahren werden.

Beispiel für ein Selbstgespräch in Kurzform:
*„**Hand**zeichen,*
umsehen,
***Arbeits**haltung,*
***rechts** nachgeben,*
***links** annehmen,*
***Ausgangs**stellung – gerade weiter."*

Rechtswendungen

- Die Rechtswendung im Straßenverkehr ist eine enge Wendung und wird daher nur im Schritt gefahren.
- Etwa 15 m vor der Ecke gibst du das erforderliche Verkehrszeichen, 3 m vor der Ecke müssen die Pferde in der vorgesehenen Gangart gehen.
- Beim Fahren der Wendung im Schritt werden beide Leinen um ein bestimmtes Stück verkürzt.
- Die rechte Hand mit der Peitsche greift nun auf der rechten Leine etwa 10-15 cm weit vor, hält diesen Punkt fest und bleibt zunächst an diesem Platz. Sobald die Pferde in Höhe der neuen Bordschwelle sind, leitest du die Wendung folgendermaßen ein: Du drehst die linke Hand nach vorwärts-abwärts, setzt sie unter die rechte und gibst mit der linken Leine nach. Dabei drehst du die rechte Hand so um die Peitsche, daß diese in einer Schraubbewegung nach innen und aufwärts ihre Richtung nach links vorwärts-aufwärts beibehält. Dieses „Einschrauben" geht nur so weit, daß du „dranbleibst" – aber keinesfalls das innere Pferd aus dem Zug nimmst.

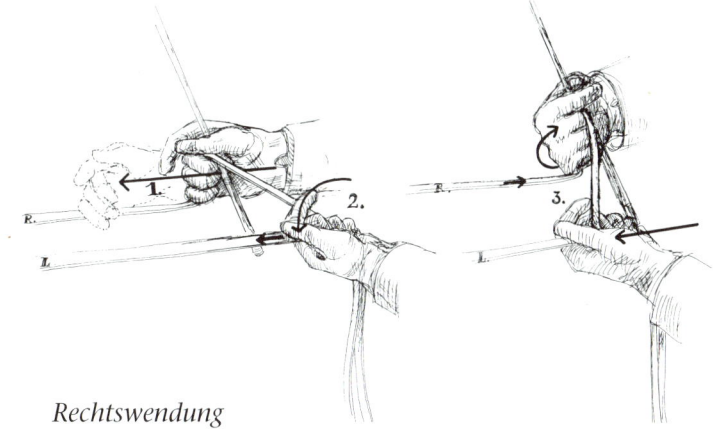

Rechtswendung

• Wenn die Wendung um Dreiviertel durchfahren ist, gehen die Hände allmählich wieder in die Ausgangsstellung zurück. Dabei verlängerst du beide Leinen um das anfangs verkürzte Stück.

• Auf breiten, modernen Straßen mit flachen Kurven (Bögen) oder auf dem Dressurviereck kannst du die Rechtswendung auch ohne Verkürzung der Leinen oder in Arbeitshaltung (Dressurhaltung) im verkürzten Trab fahren.

Beispiel für ein Selbstgespräch in Kurzform:
„*Gebrauchshaltung,*
verkürzen (beide Leinen),
Handzeichen,
umsehen,
rechts vor (auf der Leine),
links nachgeben,
rechts annehmen,
Ausgangsstellung,
Gebrauchshaltung,
Verlängern (der Leinen)."

6.2 Kehrtwendungen

Die Linksumkehrtwendung (enge Wendung)
Auf engen Straßen wird zum Umdrehen die Linksumkehrtwendung gefahren:

• Du parierst dafür zum Schritt durch. Der Beifahrer oder Mitfahrer gibt die erforderlichen Verkehrszeichen. Besonders wichtig ist hier das Umsehen und die genaue Vergewisserung, ob der Verkehr die Wendung zuläßt.

• Vor der eigentlichen Kehrtwendung pariert man die Pferde bis fast zum Halten durch.

• Die Kehrtwendung selbst wird – wie die Linkswendung – in der Arbeitshaltung eingeleitet. Um die Wendung durchzuführen, verlängert die rechte Hand die rechte Leine um soviel, wie nötig. Die linke Hand dreht sich im Handrücken nach oben. Achte dabei darauf, daß die Leine über den ganzen Handrücken, nicht nur über die Fingerknöchel läuft!

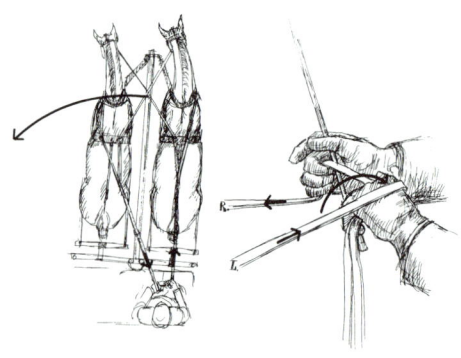

Linksumkehrtwendung

Fahren von Wendungen

Die rechte Hand darf sich für eine evtl. Peitschenhilfe von den Leinen lösen.

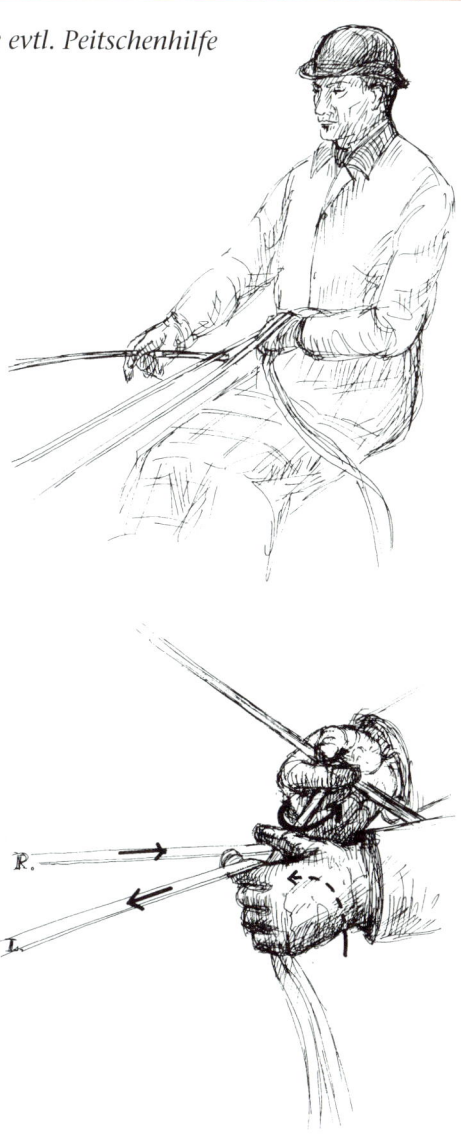

- Indem sich die linke Hand in Richtung der rechten Hüfte bewegt, verstärkt sie das Annehmen der linken Leine. Die rechte Hand darf sich von den Leinen lösen, um eine evtl. notwendig werdende Peitschenhilfe zu geben.
- Wenn das Gespann wieder geradeaus gehen soll, stellst du den linken Handrücken senkrecht, greifst mit der rechten Hand auf der rechten Leine vor und legst, in Fühlung mit den Pferdemäulern, das vorher verlängerte Stück wieder ein: Du schraubst das Handgelenk hinter der linken Hand zwischen Mittel- und Ringfinger ein, bis die Pferde in der neuen Richtung geradeaus gehen.
- Wenn während der Kehrtwendung die Länge der Leinen ausgeglichen werden muß, geht die linke Hand in Richtung der Wendung zu den Pferdemäulern hin vor. Die Leinen sind dabei in Grundhaltung.

Wieder geradeaus fahren

Beispiel für ein Selbstgespräch in Kurzform:
   „*Handzeichen,*
   umsehen,
   aufnehmen (bis fast zum Halten),
   rechts verlängern,
   links annehmen (rückwärts-aufwärts),
   rechts verkürzen,
   Ausgangshaltung (geradeaus)."

95

Die Rechtsumkehrtwendung

- Die Rechtsumkehrtwendung ist im Straßenverkehr verboten. Aus Gründen der Schonung der Pferdebeine (mögliche Kronentritte und Anschlagen der Beine) ist diese Übung in die neuen Richtlinien für Fahren nicht mehr aufgenommen.

Du als Anfänger solltest die Finger von der Rechtsumkehrtwendung lassen! Der fortgeschrittene Fahrer und Könner dagegen kann sie, ohne den Pferden zu schaden, als sinnvolle Übung bei der Ausbildung einsetzen. Außerdem gilt sie inzwischen als eine Art Kulturgut, durch die der Fahrer seine Fahrkunst zeigen kann. Deshalb ist sie in diesem Buch berücksichtigt.

- Vor der Kehrtwendung parierst du die Pferde bis fast zum Halten durch. Dafür verkürzt du beide Leinen um ein bestimmtes Stück. Die rechte Hand verkürzt die rechte Leine aus der Gebrauchshaltung durch Hinterlegen um etwa eine Handbreit hinter die linke Hand. Dann greift die rechte Hand wie bei der Rechtswendung auf der rechten Leine vor, die linke Hand gibt nach. Wenn nötig, verstärkt die rechte Hand durch weiteres Eindrehen und Bewegen zur linken Schulter hin das Annehmen.

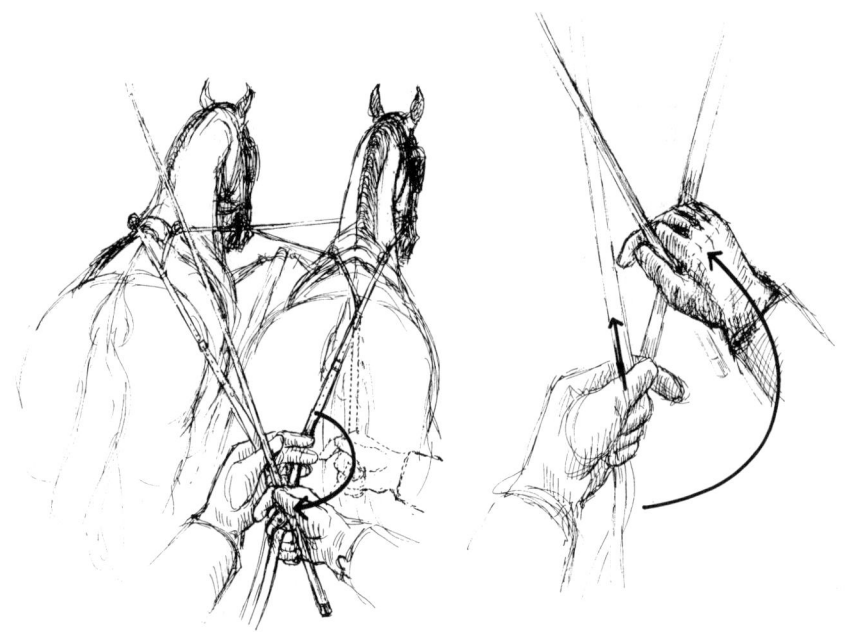

Rechtsumkehrtwendung

- Nach der Wendung gehen beide Hände in Grundhaltung. Anschließend verlängerst du zuerst die rechte Leine, dann beide Leinen um die vorher verkürzten Maße.

Beispiel für ein Selbstgespräch in Kurzform

*„Handzeichen,
umsehen,
aufnehmen (bis fast zum Halten),
rechts verkürzen,
rechts vorgehen (auf der Leine),
links nachgeben,
rechts annehmen,
Ausgangshaltung (geradeaus),
rechts verlängern,
beide Leinen verlängern."*

Jeder Griff ist erlaubt, wenn es gilt, eine Gefahr abzuwenden!

6.3 Wendungen mit einer Hand

Fahren von Richtungsänderungen in Grundhaltung

• Da in Grundhaltung nur mit einer Hand gefahren wird, wenn die rechte Hand durch Bremsen, Peitschenbenutzung usw. beschäftigt ist, ist das Ändern der Richtung in dieser Haltung nicht einfach und daher für den Anfänger nicht empfehlenswert. Der geübte Fahrer soll-

Linksheranfahren

te jedoch in der Lage sein, Tempoveränderungen und Richtungsänderungen auch in der Grundhaltung mit nur einer Hand zu fahren. Er stellt dabei eine etwas deutlichere Anlehnung zum Pferdemaul her.

Linksheranfahren (Überholen) oder Linkswendungen
• Bei dieser Übung geht die linke Hand unter der rechten Hand hindurch in Richtung zur rechten Hüfte: Dabei dreht sich der Handrücken nach rückwärts-aufwärts, die linke Leine läuft voll über den Handrücken, nicht über die Fingerknöchel! Zum Geradeausfahren stellst du die linke Hand senkrecht und langsam wieder vor die Körpermitte.

Rechtsheranfahren oder Rechtswendungen
• Hierzu wird die linke Hand über die Knöchel nach vorwärts-abwärts geneigt und geht mit dem Daumen, der zum Oberschenkel zeigt, soweit nach links, wie es notwendig ist, um die Richtungsänderung durchzuführen. Um die Hilfe zu verstärken, drücken Daumen und Zeigefinger auf die rechte Leine.

Rechtsheranfahren

• Um geradeaus zu fahren, geht die senkrecht gestellte linke Hand langsam wieder vor die Körpermitte.
• Im Straßenverkehr wird selbstverständlich immer zuerst das vorgeschriebene Verkehrszeichen gegeben, nachdem man sich umgesehen hat.
• Ganz besonders wichtig ist beim Fahren in Grundhaltung das feste Schließen der drei unteren Finger, die die Leinen halten. Durchrutschende Leinen können zum völligen Mißlingen von Wendungen

und Richtungsänderungen führen, das ordnungsgemäße Gehen der Pferde erheblich beeinträchtigen und gefährliche Situationen heraufbeschwören!
• Bei Einspännern sind die Griffe dieselben wie bei Zweispännern, sie fallen lediglich etwas kleiner aus.
• Verlängern bei der Linkswendung bzw. Verkürzen bei der Rechtswendung ist bei einachsigen Wagen (z. B. Dogcart) nicht erforderlich, da sich die Entfernung vom Fahrersitz zum Pferdemaul nicht verändert.

6.4 Lerntips

• Übe alle Leinenhaltungen und Griffe für die Wendungen von Anfang an genau und korrekt. Später umzulernen, ist wesentlich schwieriger, als sich diese Bewegungsfolgen gleich richtig einzuprägen.
• Alle Leinenhaltungen und Griffe lernst du unbedingt zuerst an einem Fahrlehrgerät und nicht etwa mit der Fahrkandare am Pferdemaul.
• Nimm vor allem am Anfang Einzelstunden, wann immer es möglich ist, und bei einem möglichst guten Fahrlehrer.
• Als Vorübung verfeinerst du das Gefühl für deine Hände, indem du jeden einzelnen Finger durchfühlst. Bewege die Finger, die dir dabei Schwierigkeiten machen.
• Wende die vorstehend empfohlene Entspannungsübung an, wenn du spürst, daß du verkrampft bist.
• Wenn du dich müde und abgespannt fühlst, führst du einige Übungen durch, um dich aufzumöbeln, aufzuputschen.
• Du läßt dir die jeweiligen Leinenhaltungen und Griffe genau zeigen und fragst sofort zurück, wenn du etwas nicht richtig verstanden hast.
• Du wiederholst die einzelnen Schritte und begleitest diese mit deinem Selbstgespräch, das du am Anfang nach Möglichkeit laut führst.
• Du hast nun die Leinen in der Hand, führst die einzelnen Schritte für die Wendungen am Fahrlehrgerät aus – und mußt unbedingt sofort Bescheid wissen, ob alles richtig war. Wenn der Lehrer das nicht von sich aus bestätigt, frage danach!
• Wenn du nun eine Wendung am Fahrlehrgerät das erste Mal richtig ausführen kannst, bittest du um eine kleine Pause, in der du den neuen Gefühlseindruck so intensiv wie möglich auf dich wirken läßt. Du spürst die Haltung deiner Hände, mit den jeweiligen Fingern die

Leinen und jeden einzelnen Griff, mit dem du die Wendung ausführst.
- Du versuchst, so genau und sensibel wie möglich zu empfinden und diese Gefühlseindrücke festzuhalten.
- Du hast nun beispielsweise für die Rechtswendung die Leinen verkürzt. Laß dir jetzt einen Moment Zeit, und spüre, so genau du kannst, was du in der rechten Hand fühlst, nachdem du auf der rechten Leine vorgegriffen hast. Empfinde, wie du die linke Hand nach vorwärts-abwärts drehst, wie du nachgibst und dann die rechte Hand nach innen, aufwärts um die Peitsche drehst.
- Schließlich spürst du, wie die Hände allmählich wieder in die Ausgangsstellung zurück gehen und du dabei beide Leinen verlängerst.
- Auch das dazugehörige Bild soll dir möglichst deutlich vor Augen sein: wie die linke Hand nach vorwärts-abwärts abkippt – so, daß du die Fingernägel sehen kannst, und wie es aussieht, wenn die rechte Hand eingedreht annimmt.
- Danach spielst du die neu gelernten Griffe für die Wendung in deiner Vorstellung noch einmal intensiv durch, ohne die Leinen in der Hand zu halten. Zu diesem Zweck bittest du den Lehrer um eine kurze Pause.
- Du hast nun schon Erfahrung, ob dir diese Vorstellung besser mit offenen oder geschlossenen Augen gelingt.
- Etwaige spätere Korrekturen deines Lehrers wie „zuerst links nachgeben und dann rechts annehmen" nimmst du in dein Selbstgespräch auf.
- Dieses Selbstgespräch reduzierst du zuletzt auf eine Kurzform wie „links" (eindrehend nachgeben) „dann rechts" (eindrehend annehmen).
- Das Selbstgespräch führst du (bei Einzelstunden) zuerst vor deinem Lehrer laut und später stumm bzw. in Gedanken. Du wendest es an, bis es überflüssig geworden ist, weil du die Handgriffe nun automatisch beherrschst.
- Sage beim Selbstgespräch immer, was du tun, und nicht, was du nicht tun willst.
- Du übst später all dies noch einige Male mental ohne deinen Lehrer und stellst dir wieder ganz genau vor, wie das Gelernte ausgesehen und sich angefühlt hat.
- Du kannst die so geübten Haltungen und Griffe jetzt in der Praxis ausführen. Und du wirst erstaunt sein, wie gut sie klappen.
- Du bittest deinen Lehrer, dir beim praktischen Fahren zu sagen, ob deine Leinenhaltungen und Griffe für die entsprechende Wendung richtig sind, falls er es nicht von sich aus tut.
- Du nimmst etwaige Korrekturen in dein Selbstgespräch auf.
- Du bittest deinen Lehrer darum, dein Selbstgespräch zu überwachen und mit dir zusammen sinnvoll zu gestalten.

- Du darfst die Kontrollfunktion deines Lehrers immer wieder in Anspruch nehmen, also nicht nur am Anfang. Bedenke, daß sich Fehler sehr schnell verfestigen und daß sie im Entstehen viel leichter zu beseitigen sind.

Wann immer ich etwas nicht ganz genau verstanden habe, frage ich sofort beim Lehrer nach! *wichtig*

- Wenn du nun das neu Gelernte in die Praxis umgesetzt hast, kommen neue Erfahrungen und Eindrücke hinzu: wie die Pferde in die Wendung gehen und den Wagen dann allmählich wieder gerade aus der Wendung herausziehen.
- Diese neuen Eindrücke nimmst du ebenfalls in dein mentales Training auf.
- Wenn du an dieser oder einer anderen Stelle Schwierigkeiten hast, darfst du den Lehrer jederzeit darum bitten, daß er die Pferde kurz fährt und dir dabei die entsprechenden Übungen zeigt. Vor allem wenn die Pferde vorher schon von vielen anderen Lehrgangsteilnehmern gefahren worden sind, hat er dabei die Möglichkeit, sie wieder fein auf die Hilfen des Fahrers abzustimmen.

Kapitel 7

Die Ausrüstung des Pferdes

7.1 Geschirrarten und Verpassen des Geschirrs

Es gibt zwei verschiedene Geschirrarten:
a) das Brustblatt-(oder Sielen-) Geschirr,
b) das Kumt-Geschirr.

Beide Geschirrarten haben sowohl Vor- als auch Nachteile:
- Das **Brustblattgeschirr** hat weniger Gewicht und läßt sich durch Verschnallen leichter auf verschiedene Pferde verpassen. Der Nachteil des Sielengeschirrs besteht darin, daß es, vor allem im schweren Zug, die Bewegungsfreiheit des Buggelenks behindern und die Brust des Pferdes einengen kann.
- Das **Kumtgeschirr** ist dem Hals und der Brust des Pferdes besser angepaßt, es behindert daher auch im schweren Zug weder den Bewegungsablauf noch die Atmung. Seine starre Form jedoch macht ein korrektes und individuelles Verpassen auf das einzelne Pferd erforderlich. Bei einer Konditionsveränderung des Pferdes (durch Fütterung, Training usw.) ist ein Nach- und Umpolstern notwendig.
- Die Unterschiede zwischen den beiden Geschirrarten machen sich auch im Preis bemerkbar. Brustblattgeschirre sind in Herstellung und Anschaffung wesentlich billiger als Kumtgeschirre.
- Beim Sportfahren wird häufiger die Kumtanschirrung verwendet, die auch Stadtanspannung genannt wird. Die Brustblattanschirrung heißt auch Land- oder Juckeranspannung.
- Zu beiden Geschirren gehören Fahrzaum und Leinen, die bei Brustblatt und Kumt im wesentlichen gleich sind.

 Als Freizeitfahrer oder gar als Anfänger mußt du dich bei der Frage Kumt- oder Brustblattgeschirr vom Fachmann beraten lassen.

Das Brustblattgeschirr bei Ein- und Zweispännern

Einspänner-Brustblattgeschirr
- Das Einspänner-Brustblattgeschirr besteht aus Brustblatt und Sellett.

Die Ausrüstung des Pferdes

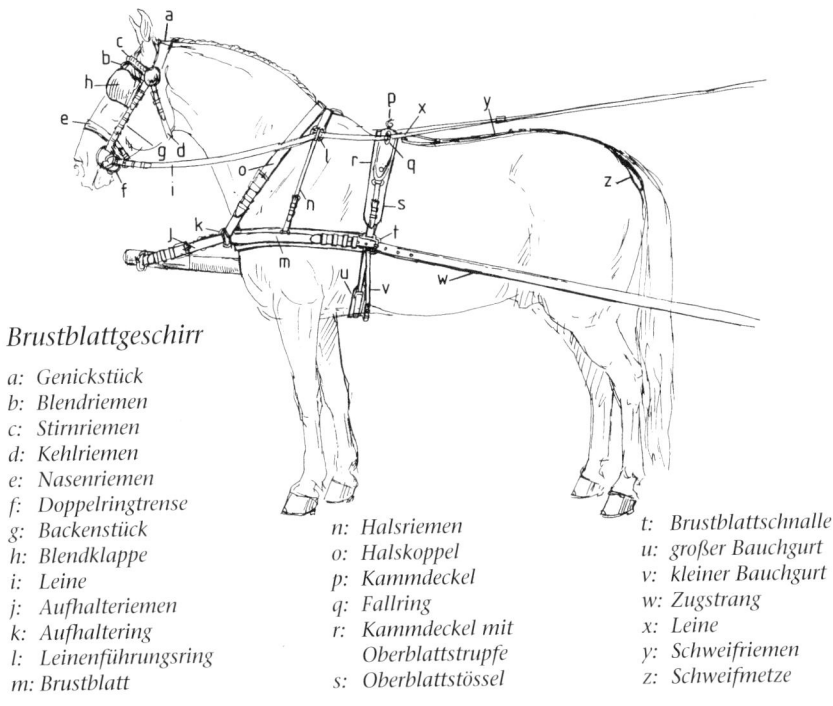

Brustblattgeschirr

a: Genickstück
b: Blendriemen
c: Stirnriemen
d: Kehlriemen
e: Nasenriemen
f: Doppelringtrense
g: Backenstück
h: Blendklappe
i: Leine
j: Aufhalteriemen
k: Aufhaltering
l: Leinenführungsring
m: Brustblatt
n: Halsriemen
o: Halskoppel
p: Kammdeckel
q: Fallring
r: Kammdeckel mit Oberblattstrupfe
s: Oberblattstössel
t: Brustblattschnalle
u: großer Bauchgurt
v: kleiner Bauchgurt
w: Zugstrang
x: Leine
y: Schweifriemen
z: Schweifnetze

- Die richtige Lage des Brustblattes wird durch eine Schnallmöglichkeit am Halsriemen reguliert. Das Brustblatt darf auf keinen Fall zu schmal sein, da es sonst in die Brust einschneidet und dem Pferd beim Ziehen Schmerzen verursacht.
- Der obere, evtl. leicht gepolsterte Teil des Halsriemens liegt dicht vor dem Widerrist auf dem Mähnenkamm und verläuft leicht vor der Senkrechten zum Brustblatt. Die Seitenteile des Brustblatts münden in die Zugstränge.
- Es ist zweckmäßig, Brustblatt und Stränge durch Nähte fest miteinander zu verbinden. Allerdings hat dies den Nachteil, daß die Länge der Stränge nicht mehr verändert werden kann und bei einem Strangriß das ganze Geschirr zum Sattler gebracht werden muß.
- Diesen Nachteil vermeidet man, wenn der Strang am Brustblatt mit einer Schnalle befestigt ist, die vor dem Sellett liegen muß. Dabei darf die Wagenschere nicht zu eng gestellt sein, damit die Strangschnalle nicht am Pferdeleib scheuert.
- Die Strangschnalle darf nicht am hinteren Drittel des Stranges angebracht sein, weil dadurch die Schweifhaare hängen bleiben und ausgerissen werden können. Zudem besteht die Gefahr, daß sie die Hinterbeine berührt und das Pferd zum Ausschlagen veranlaßt.
- Das Sellett ist beim Einspänner breit und stärker gearbeitet als beim Zweispänner (hier wird es Kammdeckel genannt), da es die Aufgabe hat, die Schere des Wagens zu tragen.

- Der Rückenteil des Selletts ist, ähnlich wie beim Reitsattel, um einen festen Baum aus Metall, Leder oder Kunststoff angefertigt. Die Seitenteile sind so ausreichend gepolstert, daß sie die notwendige Widerristfreiheit gewährleisten. Der untere Teil des Selletts besteht aus einem Bauchgurt, der breit genug sein muß.
- Die Scherenträgerriemen bestehen aus einem durchgehenden Lederstück, weil nur so höchstmögliche Sicherheit gewährleistet wird. Am Rückenteil sind sie nicht festgenäht, sondern nach beiden Seiten beweglich. Dadurch werden seitliche Bewegungen der Schere ausgeglichen und die Stöße auf den Pferderücken abgemildert.
- Es gibt *zwei verschiedene Scherenträger* für zwei verschiedene Wagentypen:
  Beim vierrädrigen Wagen liegt nur die Last der Schere selbst auf den Scherenträgern, die aus einer eisernen Trageöse bestehen. Deren Verschlaufung bildet nach unten hin den kleinen Bauchgurt.
  Beim zweirädrigen Wagen werden hohe Anforderungen an die Festigkeit des Selletts und vor allem an die der Scherenträger gestellt, besonders wenn sie schlecht ausbalanciert sind. Sie bestehen deshalb aus einer sehr starken, mehrfach übereinandergenähten ledernen Trageöse und sind miteinander wieder durch einen kleinen Bauchgurt verbunden.
- Am oberen hinteren Teil des Selletts ist durch einen Fallring der doppelt verschnallbare Schweifriemen mit der Schweifmetze befestigt.
- Die Schnallen des Schweifriemens und die Endstrupfen müssen so verdeckt und abgesichert sein, daß sich die Leine nicht darunter verhaken kann.
- Schweifriemen und Schweifmetze sind aneinandergenäht – Schnallen zwischen den beiden Teilen würden Schweifhaare herausreißen!
- Die Schweifmetze ist an dem Teil, der unter der Schweifrübe des Pferdes liegt, gut gepolstert, damit das Pferd den Schweif frei tragen und die Leine sich nicht festklemmen kann.
- Aufgabe des Schweifriemens ist es, das Sellett in seiner richtigen Lage hinter dem Widerrist zu halten.
- Komplett ist die Ausrüstung des Einspänners, wenn

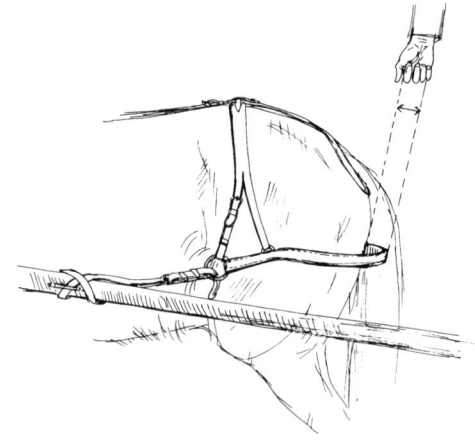

Rechts und links unterhalb des Sitzbeines soll eine Faust Platz haben.

das **Hintergeschirr** hinzugenommen wird: Es erhöht die Sicherheit und ist vor allem in gebirgigen Gegenden ratsam. Bei einachsigen Wagen ist es Vorschrift!
• Die obere Kante des Umganges liegt eine Handbreit unter dem Sitzbeinhöcker. Der Umgang wird so verpaßt, daß, wenn das Pferd in den Strängen steht, rechts und links unterhalb des Sitzbeins eine Faust zwischen Umgang und Pferd Platz hat.

Zweispänner-Brustblatt-Geschirr (Sielengeschirr)
• Das Zweispännergeschirr unterscheidet sich vom Einspännergeschirr durch die am Brustblatt angenähten Aufhalteringe und die leichtere Ausführung des Selletts, das beim Zweispännergeschirr als Kammdeckel bezeichnet wird.
• Die am Brustblatt angenähten beweglichen Aufhalteringe sind einige Zentimeter seitlich nach innen versetzt und lassen dadurch bereits erkennen, welches das linke und welches das rechte Geschirr ist. Die seitliche Versetzung der Aufhalteringe kommt dem seitlichen Zug des Aufhalteriemens entgegen, der mit der Deichselbrille verbunden ist. Das Brustblatt bekommt einen zusätzlichen Halt, wenn man eine Halskoppel vom Kammstück durch den Aufhaltering führt. Das ist empfehlenswert, wenn bei Mehrspännern die Deichsel durch die Vorderbracke oder Mitteldeichsel zusätzlich belastet wird.
• Das Zweispänner-Brustblattgeschirr ist wegen seiner leichteren Machart nicht einmal ersatzweise für den Einspänner zu gebrauchen, deshalb ist der Leinenführungsring an der dem Nachbarpferd zugewandten, inneren Seite des Halsriemens überflüssig. Eine dort durchgezogene Leine würde den Halsriemen zur Seite des anderen Pferdes ziehen und dadurch das Leinenmaß der Kreuzstücke verändern. Die beiden Leinenschlüssel sind am Kammdeckel befestigt.
• Beim Geländefahren und in gebirgigen Gegenden ist ein Hintergeschirr zu empfehlen.
• Der für den Einspänner zweckmäßige Schlagriemen ist beim Zweispänner überflüssig. Auch ein Strangträger ist nicht notwendig, wenn die Pferde in richtiger Länge zwischen Aufhalteriemen und Strang eingespannt sind. Die Funktionen und Bezeichnungen der übrigen Teile des Zweispänner-Brustblattgeschirrs (Sielengeschirrs) entsprechen denen des Einspännergeschirrs.
• Aufhalteriemen sind aus doppelt aufeinandergenähtem Kernleder hergestellt und werden durch Schnalle und Strupfe zwischen Aufhaltering am Brustblatt und der Deichselbrille befestigt.
• Die Pferde neigen beim Zweispänner dazu, sich mit ihrer Längsachse der zwischen ihnen angebrachten Deichsel anzupassen. Dadurch ist die von Natur aus breitere Hinterhand weiter vom Wagen bzw. vom Anspannungspunkt entfernt.

• Der Außenstrang muß deshalb, vom jeweiligen Verschnalloch bis zum Strangauge gemessen, 5 cm länger sein als der zur Deichsel zeigende Innenstrang. Weil der Innenstrang durch Schweiß und durch Reibung an der Deichsel leicht unansehnlich wird, ist es ratsam, ihn immer innen und den Außenstrang immer außen zu benutzen. Damit man die beiden Stränge besser unterscheiden kann, wird der kürzere Innenstrang an seiner Spitze gerade (stumpf) angefertigt, der äußere dagegen mit spitzem Ende.

Ein- und Zweispänner- Kumtgeschirr

Einspänner-Kumtgeschirr

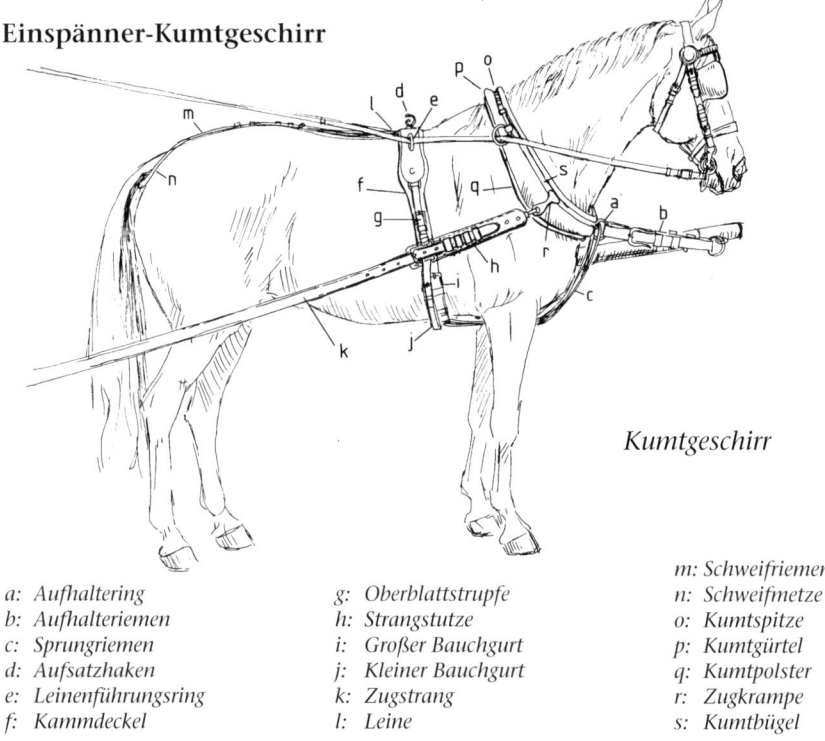

Kumtgeschirr

a: Aufhaltering
b: Aufhalteriemen
c: Sprungriemen
d: Aufsatzhaken
e: Leinenführungsring
f: Kammdeckel

g: Oberblattstrupfe
h: Strangstutze
i: Großer Bauchgurt
j: Kleiner Bauchgurt
k: Zugstrang
l: Leine

m: Schweifriemen
n: Schweifmetze
o: Kumtspitze
p: Kumtgürtel
q: Kumtpolster
r: Zugkrampe
s: Kumtbügel

• Mit dem Kumtgeschirr kann die Zugkraft des Pferdes am besten ausgenutzt werden.
• Das **Verpassen des Kumgeschirrs** ist allerdings etwas schwieriger als das Verpassen des Brustblattgeschirrs. Bei einer Veränderung der Bemuskelung oder des Futterzustandes verändert sich auch die Kumtlage. Sind die Veränderungen geringfügig, so kann die Lage durch untergeschnallte Kumtpolster korrigiert werden. Bei größeren Veränderungen muß der Sattler das gesamte Kumt neu formen.
• Das Einspänner-Kumtgeschirr besteht aus dem Kumt, dem Sellett und den Strängen.

- Das Kumt hat die Form einer Birne und paßt sich dadurch an der Schulter, am Kamm vor dem Widerrist und an der Brust dem Körperbau des Pferdes an. Die Polsterung der Kumtkissen muß so stark sein, daß die Strangstutzen auf keinen Fall an der Schulter scheuern können.
- Um genügend Spielraum in der Schere zu ermöglichen, sind die Strangschnallen am Ende der Strangstutzen möglichst flach.
- Die Stränge beim Einspännergeschirr sind beidseitig gleich lang. Durch den Sprungriemen ist das Kumt mit dem Bauchgurt des Selletts verbunden, so daß es auch bei höherem Tempo fest liegen bleibt. Der Sprungriemen ist am Kumtschloß durch den Langring und um das gesamte Kumtpolster befestigt.
- Das Sellett des Kumtgeschirrs besteht aus denselben Teilen wie das Brustblatt-Sellett und unterliegt denselben Kriterien. Das gilt auch für den Schlagriemen oder das Hintergeschirr.

Zweispänner-Kumtgeschirr

Vom Einspänner-Kumt unterscheidet sich das Zweispänner-Kumt in den folgenden Teilen:
- Der Kumtbügel wird an der Brustseite durch einen Langring zusammengehalten.
- Im Langring befindet sich der Aufhaltering.
- Die am Kumtbügel angebrachten Leinenführungsringe sind nach oben und unten beweglich. Ein starres Leinenauge hätte zu Folge, daß das Nebenpferd bei jeder Schulterbewegung durch die Leine des Nachbarpferdes im Maul gestört würde!
- Aus dem Sellett wird der leichter gebaute Kammdeckel ohne Trageösen.
- Der Schlagriemen entfällt. In gebirgigen Gegenden ist Hintergeschirr zweckmäßig.
- Die übrigen Teile wie Schweifriemen, Schweifmetze usw., die schon beim Einspänner-Brustblattgeschirr beschrieben wurden, sind beim Zweispänner-Kumtgeschirr gleich und haben eine entsprechende Funktion.

Art, Qualität und Verpassen des Geschirrs sind Aufgabe des qualifizierten Fachmanns!

7.2 Leinen für Ein- und Zweispänner

Ein- und Zweispännerleinen
- Der einwandfreie Zustand der Leine ist für Fahrer, Insassen und Pferde sehr wichtig. Sie muß aus hochwertigem Material hergestellt

und ohne Gefahrenpunkte oder Schwachstellen sein. Durch ständige fachgerechte Pflege wird die Sicherheit der Leine überprüft und erhalten!

• Bei Zwei- und Mehrspännern kommt den Leinen neben der Lenkung der Pferde eine zusätzliche Bedeutung zu: Sie ermöglichen durch ihre besondere Konstruktion und die gezielte Verschnallbarkeit der Kreuzstücke auch einen Gebäude-, Temperaments- und Arbeitsausgleich.

Die Einspännerleine

• Die Leine besteht aus zwei je ca. 4,50 m langen Einzelstücken. An ihrem vorderen Teilen hat sie Schnallen zum Einschnallen in das Gebißstück des Pferdes, am hinteren Teil eine Schnalle und Strupfe zum Zusammenschnallen der beiden Einzelteile.

• Die oben angegebene Leinenlänge von 2 x 4,50 m gilt für das normale Fahrpferd vor einem entsprechenden Wagen. Bei Ponys oder abweichenden Wagenkonstruktionen muß auch das Maß entsprechend verändert werden.

• Beim sportlichen Fahren auf Turnieren u.a. sind Lederleinen zu empfehlen.

• Beim Gebrauchsfahren haben sich auch Leinen bewährt, die in ihrem vorderen Teil aus Leder und im Handstück aus Gurt bestehen.

• Leinen, die nur aus Gurt bestehen, sind nicht empfehlenswert! Da der Verschleiß durch die Reibung an den Leinenaugen erheblich ist, werden sie rasch unansehnlich und vor allem unsicher.

Die Zweispännerleine

• Zweispännerleinen sind so konstruiert, daß der Fahrer durch Einschnallen eines Kreuzstücks mit einer Leine auch auf zwei Pferde einwirken kann. Diese Kreuzstücke werden zwischen den Pferden gekreuzt. Deshalb heißt die Zweispännerleine auch Kreuzleine. Sie wurde 1922 von Benno von Achenbach entwickelt und nach ihm benannt.

Die Achenbach-Leine wird allen Anforderungen der Praxis gerecht. Ihre wesentlichen Merkmale sind:

– *Abgestimmte Längenmaße, die in Verbindung mit einer feststehenden Bracke (Sprengwaage) am Wagen und einer abgestimmten Fahrtechnik eine optimale Einwirkung auf alle Pferde ermöglichen.*

– *Elf über 40 cm gleichmäßig verteilte (von Loch zu Loch 4 cm) ovale, daher leicht gängige Löcher für die Kreuzschnallen. Diese liegen so vor der Hand des Fahrers, daß sie nicht stören, jedoch auch während der Fahrt vom Bock aus verschnallt werden können.*

- *Eine Schnallstrupfe zur Befestigung am Gebiß mit einem ovalen Loch und einer langen, deshalb bequem handhabbaren Schnalle. Die Schnallstrupfe hat nur ein Loch, damit die Verschnallung einheitlich nur an der Kreuzschnalle vorgenommen werden kann.*
- *Eine Schlaufe, die an der inneren, zum Nachbarpferd führenden Leine angenäht ist und beide Leinen zusammenhält.*
- *Das Schnallenstück an der Innenleine ist auf der Fleischseite angenäht, um ihr den richtigen Leinendrall zu geben.*

Die richtige Anwendung der Achenbach-Kreuzleine

• Wenn die Pferde im Gespann unregelmäßig arbeiten, wird der Fahrer versuchen, durch Verschnallen der Leine Abhilfe und Ausgleich herbeizuführen. Ein solcher „Arbeitsausgleich" erfolgt niemals durch eine Veränderung der Stränge, sondern stets durch das Verschnallen der Leine.

• Die Pferde müssen gleichmäßig am Zug teilnehmen und geradeaus gestellt sein. Gleichmäßigen Zug erkennt der Fahrer – natürlich bei fester Bracke – an der geradeaus in der Mitte zwischen den Pferden stehenden Deichsel. Bei ungleicher Zugleistung zeigt die Deichsel seitlich auf das faulere Pferd.

• Stehen die Pferdeköpfe bei anstehender Leine beide nach außen, so sind die Innenleinen (Kreuzstücke) zu lang geschnallt. Stehen beide Köpfe ständig nach innen, sind die Innenleinen zu kurz geschnallt. In diesem Fall wird zunächst die Länge der Leinen überprüft. Vielleicht wurden die Leinen falsch in die Leinenführungsringe eingezogen. Die durchgehende Leine ist immer außen, nur die Kreuzstücke kommen nach innen.

• Sind die Pferde normal groß und in Temperament wie Gebäude annähernd gleich, so schnallt der Fahrer – von seiner Hand aus gerechnet – die Kreuzschnalle auf beiden Leinen in das 6. Loch. Dann sind die Innenleinen gegenüber den Außenleinen jeweils 12 cm länger und gleichen den längeren Weg (über Kreuz) dadurch aus. Diese Leinenschnallung ist die Normalschnallung (Grundschnallung).

• Sind die Pferde besonders breit, so ist der Weg der Innenleine länger, da die Pferderücken weiter auseinander sind (Leinenführungsringe am Kammdeckel). Um die Innenleinen zu verlängern, wird die Kreuzschnalle in das 7. oder, bei Bedarf, auch in das 8. Loch geschnallt (immer von der Hand des Fahrers aus gezählt).

• Bei schmalen Pferden ist die Grundschnallung im 5. oder 4. Loch, da die Leinenführungsringe am Kammdeckel näher zusammen sind und beide Innenleinen zu lang wirken. In der Grundschnallung, die bei gleich großen, in Temperament und Gebäude ähnlichen Pferden angewandt wird, befindet sich auf jeder Leine zwischen Fahrerhand und Kreuzschnalle dieselbe Lochzahl.

Wir unterscheiden also zwischen drei Grundschnallungen:
- *für mittelgroße Pferde im 6. Loch – zwischen Hand und Schnalle = 10 Löcher.*
- *für breite, große Pferde im 7./8. Loch – zwischen Hand und Schnalle = 12 bis 14 Löcher.*
- *für schmale, kleine Pferde im 4./5. Loch – zwischen Hand und Schnalle = 6 bis 8 Löcher.*

• Bei Ponys besteht die Gefahr, daß die weit zurückgeschnallten Kreuzschnallen dem Fahrer in bzw. sogar hinter der Hand liegen. In diesem Fall sollte man Leinen mit geringeren Abmessungen herstellen lassen (z.B. Stangenleine bei Mehrspännern). Wesentlich jedoch ist, darauf zu achten, daß die Innenleinen bei Normalschnallung (mittleres Loch der Gesamtzahl der vorhandenen Löcher) 12 cm länger sind.

• Sind die Pferde im Temperament unterschiedlich, so wird – von der Grundschnallung ausgehend – das fleißigere bzw. heftigere Pferd auf der entgegengesetzten Leine zurückgenommen und das weniger fleißige Pferd entsprechend vorgelassen, so daß, wie vorher, die Anzahl der Löcher zwischen Hand und Schnalle wieder gleich ist.

Ein Beispiel:
• Das linke Pferd ist lebhafter, die Stränge des rechten Pferdes sind weniger stark gespannt als die des linken, die Deichsel zeigt ständig nach rechts.

Abhilfe:
• Man schnallt zunächst die Innenleine, die zum linken Pferd führt (Kreuzschnalle auf der rechten Leine), zurück. Die linke Kreuzschnalle wird nun um ebensoviele Löcher vorgeschnallt, wie auf der rechten Leine zurückgeschnallt wurde. Jetzt ist die Summe der vorherigen Lochzahl in der Grundschnallung wiederhergestellt (normal 10 Löcher zwischen Hand und Schnallen). Durch das Verschnallen stehen die Pferdeköpfe schief. Deshalb muß der Fahrer die entsprechende Leine (in unserem Fall die linke) in der Hand um so viel verkürzen, wie er sie durch das Verschnallen an Zentimetern verlängert (bzw. verkürzt) hat.

einleuchtend

Das Prinzip der Leinenverschnallung liegt darin, **daß das Pferd, das weniger ziehen soll, zurückgeschnallt wird.** Der Grund dafür kann sein, daß es im Vergleich zum anderen wesentlich fleißiger, sehr jung ist oder geschont werden muß.

Die Ausrüstung des Pferdes

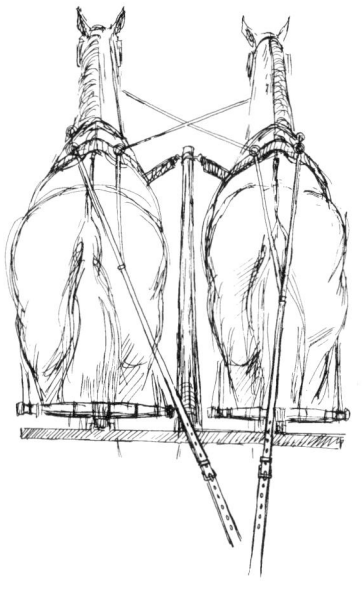

Richtig gehende Pferde

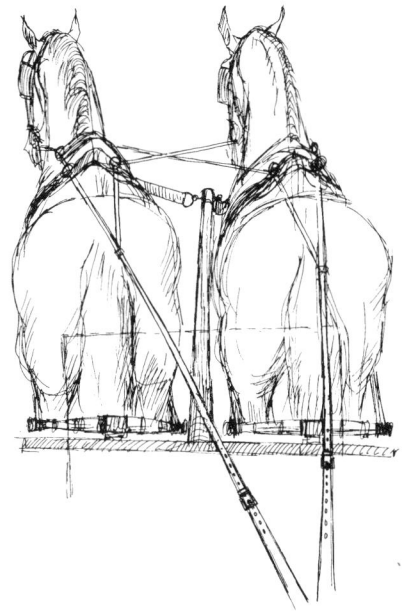

Das rechte Pferd ist 2 Loch weiter zurückgenommen und kann sich deshalb weniger am Ziehen beteiligen.

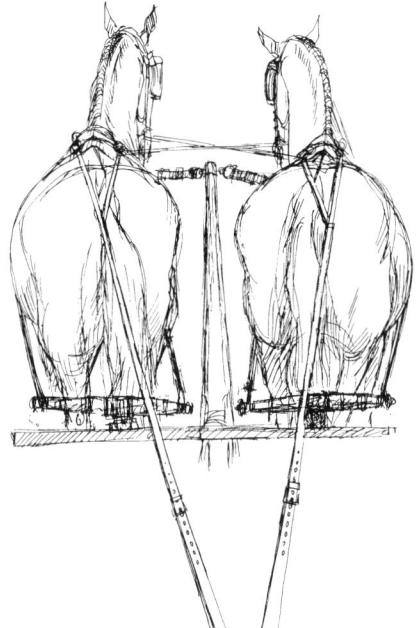

Abdeichselnde Pferde: Durch Umspannen und, indem du die Pferde mehr zum Ziehen bringst (Bremse), kannst du Abhilfe schaffen.

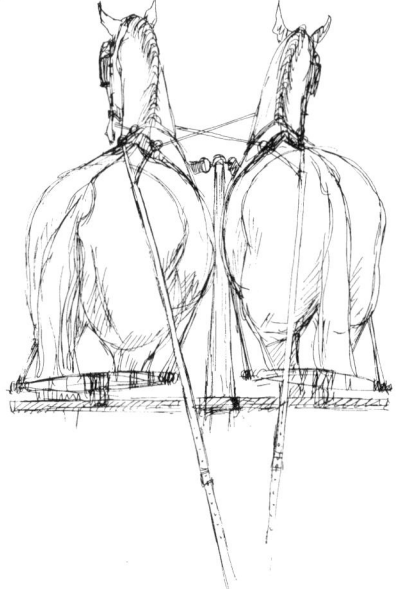

Drängende Pferde: Indem du die Pferde beruhigst und die Innenleinen verkürzt, kannst du dies korrigieren.

Kapitel IV

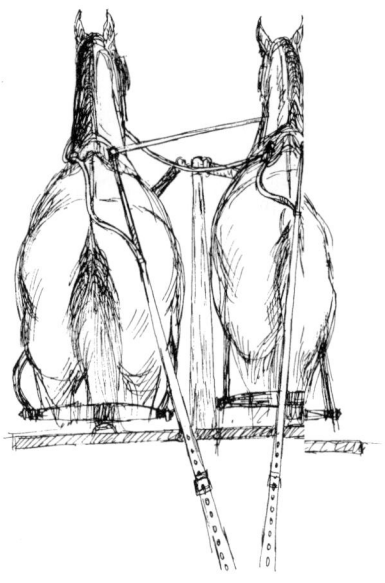

Das linke Pferd zieht nicht. Dies ist erkennbar am Herunterhängen der Leinen. Du schaffst durch Anregen mit der Peitsche Abhilfe.

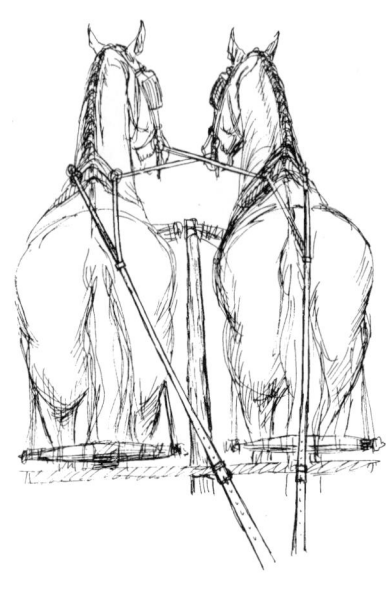

Die linke Leine ist falsch aufgelegt. Die durchlaufende Leine ist innen statt außen aufgelegt; deshalb sind die die Pferdeköpfe zusammengezogen.

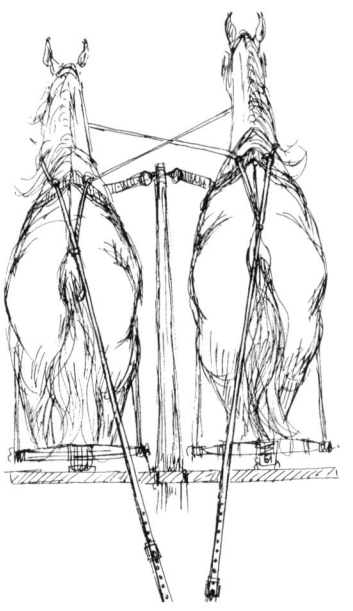

Bei Pferden mit verschiedener Halslänge gleichst du dies durch die entsprechende Verschnallung der Leinen aus.

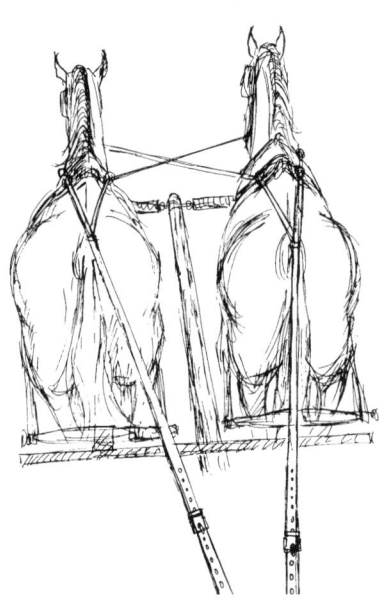

Für schmale Pferde wählst du bei der Summe der Leinenlöcher 8 statt 10.

Fahren lernen leicht gemacht mit mentalem Training

HINWEIS

Die Gespanne auf dem Buchdeckel wurden versehentlich seitenverkehrt wiedergegeben. Der Fahrer sitzt aber grundsätzlich, wie auch in den Richtlinien für Reiten und Fahren, Band 5, der Deutschen Reiterlichen Vereinigung angegeben, immer auf der rechten Seite des Bockes.

BILD SEITE 59
Das Bild wurde seitenverkehrt abgebildet. So ist es richtig!

Zum Verlängern wird die Peitsche auf dem rechten Oberschenkel aufgesetzt.

BILD SEITE 113
Die alphabetisch geordneten Begriffe wurden verwechselt. Bitte lerne diese Bezeichnungen!

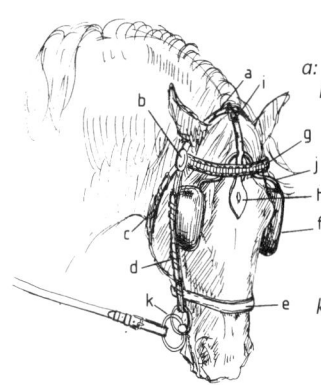

a: Genickstück
b: Rosette
c: Kehlriemen
d: Backenstück
e: Nasenriemen
f: Blendklappe
g: Stirnriemen
h: Spieler
i: Blendriemenschnalle
j: Blendriemen
k: Gebiß

Die Ausrüstung des Pferdes

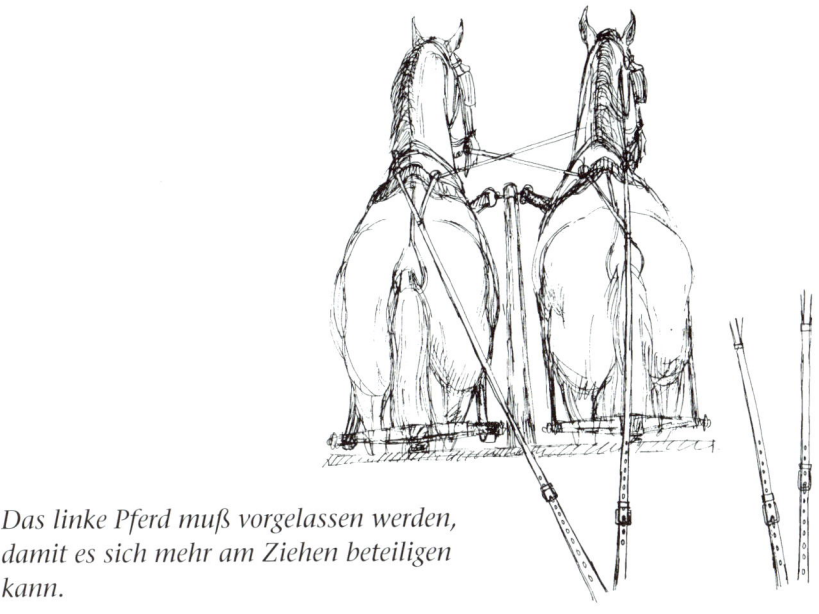

Das linke Pferd muß vorgelassen werden, damit es sich mehr am Ziehen beteiligen kann.

7.3 Fahrzaum und Gebisse

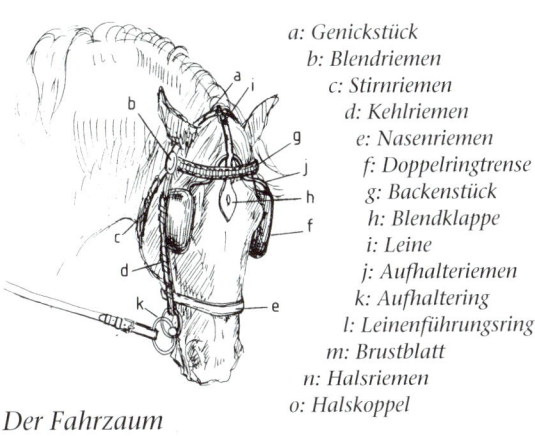

a: Genickstück
b: Blendriemen
c: Stirnriemen
d: Kehlriemen
e: Nasenriemen
f: Doppelringtrense
g: Backenstück
h: Blendklappe
i: Leine
j: Aufhalteriemen
k: Aufhaltering
l: Leinenführungsring
m: Brustblatt
n: Halsriemen
o: Halskoppel

Der Fahrzaum

- Der **Stirnriemen** muß so lang sein, daß das Genickstück nicht an den Ohren scheuert. Die **Blendklappen** (auch Scheuklappen genannt) sind beim Einspänner nicht zwingend, beim Zwei- und Mehrspänner aber unbedingt erforderlich. Sie verhindern, daß die Pferde bemerken, wenn der Fahrer eine Peitschenhilfe beabsichtigt.
- Wegen dieser Blendklappen muß beim Verpassen und Auflegen des Fahrzaums mit besonderer Aufmerksamkeit und Sorgfalt vorgegangen werden.
- Die Blendkappen sind aus festem Leder gefertigt, quadratisch mit

113

abgerundeten Ecken geformt und in Augenhöhe leicht nach außen gewölbt. Ihre Festigkeit erhalten sie durch eine Kunststoffplatte.
• Die fest angenähten Blendriemen aus entsprechend starkem Leder, das möglichst mit einer Drahteinlage versehen ist, enden in der Blendriemenschnalle im Genick. Sie halten die Blendklappen in der korrekten, halb-seitlichen Stellung.
• Besonders zu beachten ist die Befestigung des **Nasenriemens.** Er hat die Funktion, die Wirkung des Gebisses z.T. auf den Nasenrücken zu übertragen und die korrekte Lage von Backenstücken und Gebiß zu gewährleisten.
• Die **Backenstücke** werden in die entsprechenden Durchlässe geschnallt, so daß der Nasenriemen nicht durchlaufen oder sich nach vorn oder hinten verschieben kann, ein Verstellen in der Höhe jedoch möglich ist.

Die beim Fahren gebräuchlichsten Gebisse sind:
  1. Doppelringtrensen (gebrochene Gebisse),
  2. Kandaren (Stangengebisse),
  3. gemischte Gebisse (Kandaren mit gebrochenem Gebißstück).

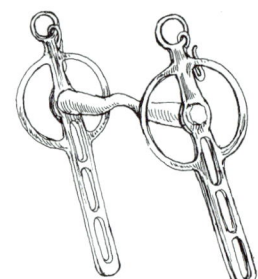
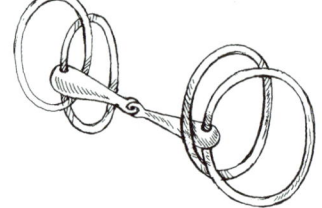

Kandare mit gebrochenem Gebiß,
Kandare als Stangengebiß, Doppelringtrense

• Das **Trensengebiß** wird in der Regel beim Brustblattgeschirr, die Kandare beim Kumtgeschirr benutzt. In erster Linie jedoch sollte sich die Wahl der Gebißart nach der Form des Pferdemauls sowie der Eigenart und dem Ausbildungsstand des Pferdes richten.
• **Fahrkandaren** werden **im Gegensatz zu Reitkandaren** ohne Unterlegtrensen aufgelegt. Ihre Zungenfreiheiten können stärker ausgeprägt (Howlett-Kandare) oder aber auch nach oben verbreitert sein.

- Die *Hebelwirkung der Kandare* entsteht durch den Widerstand, der mit einer Kinnkette erzeugt wird. Durch das höhere oder tiefere Einschnallen der Leinen in die „Schlitze" wird die Stärke des Einwirkungsgrades reguliert: je tiefer geschnallt, desto schärfer die Wirkung.
- Am weichsten wirkt die höhere Einschnallung um den Gebißbalken am Schaumring.

> **Versuche unbedingt, immer mit einem weicheren Gebiß auszukommen, d.h. im Zweifelsfall der Trense vor der Kandare den Vorzug zu geben oder in der Kandare die Leinen möglichst dicht zum Maul hin einzuschnallen!** *pferdefreundlich*

- Jede Zäumung muß mit großer Sorgfalt verpaßt werden. In besonderem Maß gilt dies für die Kandare. Da jedes Pferd eine andere Kieferform und Maulgröße hat, muß sie individuell verpaßt werden. Entscheidend sind die Breite des Pferdemauls und die richtige Auflage auf dem Unterkiefer. Bei der äußeren Beurteilung der Kandare muß darauf geachtet werden, daß die Oberbäume gut nach außen gebogen sind, damit die Schnallstücke nicht scheuern können.
- Im Gegensatz zur Reitkandare zeigt bei der Fahrkandare die *Öffnung des Kinnkettenhakens nach oben*. Während beim Reitpferd darauf zu achten ist, daß der Haken nicht an der Unterlegtrense festklammert, muß der Haken beim Fahrpferd so abgesichert sein, daß er nicht am Nachbarpferd, am Aufhalter oder anderen unterhalb liegenden Ausrüstungsteilen festhaken kann.

> **Art, Qualität und Verpassen von Zaum und Gebiß sind Aufgabe eines qualifizierten Fachmanns!** *wichtig*

7.4 Pflege

Es liegt im eigenen Interesse des Fahrers, Wagen und Ausrüstung regelmäßig sachgerecht zu pflegen und aufzubewahren. Die Anschaffung guter Qualität ist teuer, ihr langer Erhalt ist vor allem auch für die Sicherheit aller Beteiligten unerläßlich.

- Zur Pflege gehört regelmäßiges Säubern. Von den Lederteilen wird der Schmutz mit einem feuchten Schwamm oder Lappen abgewischt, sie werden danach mit Sattelseife gereinigt.
- Während der Reinigung kontrollierst du gleichzeitig, ob Schäden bei Nähten am Geschirr, an den beweglichen Teilen des Gebisses und am Wagen vorhanden sind.
- Die Lederteile werden, je nach Verschmutzung, von Zeit zu Zeit völlig auseinandergeschnallt, gründlich gereinigt und eingefettet oder

eingeölt. Lederteile, die nicht unmittelbar mit dem Pferd in Berührung kommen, werden mit einem guten Spezialfett dünn eingerieben.

• **Lederteile, die mit dem Pferd Berührung haben** (z.B. die Innenseite der Brustblätter und Kumte und die Unterseite der Kammdeckel), *behandelt man nach der Reinigung mit Lederöl.*

• Zum Erhalt seiner festen Faserstruktur braucht Leder Feuchtigkeit. Deshalb ist das Einfetten wichtig. Lederöl hält das Leder zwar geschmeidig, sollte aber vorsichtig verwendet werden, weil es bei zu starkem Gebrauch die Lederfaser aufweicht und dem Leder die feste Konsistenz nimmt.

• Schnallen und Metallteile werden nur hauchdünn eingeölt, Beschläge an den Geschirren, Rosetten usw. mit einem Metallputzmittel gesäubert und poliert. Gebisse dagegen werden nur mit sauberem Wasser gereinigt.

• Ausgerissene Nähte müssen sofort repariert, Metallteile mit Rissen oder scharfen Kanten (z.B. bei Pumpgebissen) ausgetauscht werden. Geschirrteile sollten in einem staubfreien, nicht zu trockenen Raum, der im Winter beheizt ist, aufbewahrt werden. Die Geschirre hängt man über abgerundete Holz- oder Metallbügel, damit sie keine Bruch- oder Rißstellen erhalten.

• Naß gewordenes Leder wird an der Luft, doch niemals an der prallen Sonne oder am heißen Ofen getrocknet.

Kapitel 8

Der Wagen

8.1 Wagenarten

• Die heute *gebräuchlichen Wagentypen* sind: Phaeton, Dogcart, Gig, Jagdwagen, Break, Wagonette und moderne Sportwagen (Geländewagen).

Dogcart

Spider Phaeton

Marathon-Wagen

Jagdwagen

Tandem-Cart

Wagonette

Break

Landauer

- Eine große Anzahl von Wagen tragen andere Namen, häufig auch Phantasiebezeichnungen. Sie alle gehen jedoch im Grunde auf die oben genannten Wagentypen zurück.
- Vier wesentliche **Kriterien** soll ein guter Wagen erfüllen: Er soll stabil, leicht, gut lenkbar und vor allem sicher sein.
- Außerdem muß der Wagen seinem Zweck entsprechen und zur Anspannung passen. So ist z.B. der Phaeton ein Wagen für Zweispänner, der Dogcart für den Einspänner, der Break der geeignete Wagen für Mehrspänner.
- Bei sportlichen Prüfungen, besonders bei internationalen Turnieren, sind Gewicht und Breite der Wagen in den verschiedenen Disziplinen (z.B. für Vielseitigkeitsprüfungen) vorgeschrieben. Diese Vorschriften sind im einzelnen in der LPO bzw. in den Bestimmungen der Internationalen Reiterlichen Vereinigung (FEI) aufgeführt.
- Auch der Freizeitfahrer, der nicht in Wettbewerben fahren will, sollte Grundkenntnisse über den Wagenbau und die Beschaffenheit von Einzelteilen besitzen, da das Funktionieren seines Fahrzeugs nicht nur zur Freude am Sport, sondern vor allem auch zur Sicherheit beiträgt.
- Wenn Du relativ unerfahren oder gar Anfänger bist, zieh beim Kauf eines Wagens wie aller weiterer Ausrüstungsgegenstände unbedingt einen Fachmann zu Rate! Er ist hierfür ebenso unverzichtbar wie beim Kauf eines Pferdes.

Sicherheitsrisiken und unnötigen Ärger beim Kauf eines Wagens kannst du vermeiden, indem du dich vom Fachmann beraten läßt!

8.2 Bestandteile und Kriterien

Allgemeine Anforderungen
- Besonders für den Freizeitfahrer ist der Kauf eines *gebrauchten Wagens eine preisgünstige Möglichkeit*. Es muß nicht unbedingt ein stilechter Wagentyp sein! Wichtig ist vor allem, daß er den praktischen Anforderungen entspricht.
- *Der Wagen muß verkehrssicher sein*, d.h. so beschaffen, daß er Fahrer, Mitfahrer und andere Verkehrsteilnehmer nicht schädigt oder gefährdet. Scharfe Kanten oder spitze Enden z.B. bedeuten Verletzungsgefahr für Mensch und Tier.
- Auch bei etwaigen Unfällen sollten Fahrer und Mitfahrer möglichst geschützt sein. So müssen z.B. Rücken- und Seitenlehnen und eine stabile, abgerundete obere Begrenzung des Spritzbrettes verhindern, daß Fahrer und Mitfahrer herausrutschen können.

Der Wagen

• Ein geeigneter fußbreiter Aufsteigetritt ermöglicht dem Fahrer und dem Beifahrer ein sicheres Auf- und Absteigen.

Zum sicheren Auf- und Absteigen eignet sich ein fußbreiter Aufsteigetritt.

Besonders als Freizeitfahrer gilt für dich der Grundsatz: praktisch und sicher vor schön und stilecht. Und vor allem: Die Beratung durch den Fachmann ist auch hier oberstes Gebot. *praktisch*

Die Räder
• Die Räder bestehen aus der Nabe (Buchse), den Speichen und dem Hartkranz mit Belag (Eisen-, Hart- oder Luftgummireifen).
• Die Ausnutzung der Zugkraft wird maßgeblich von der Beschaffenheit der Wagenräder beeinflußt: Je größer das Rad, desto leichter rollt das Fahrzeug. Dagegen finden kleine Räder, besonders auf unebenen Wegen und im Gelände, viel Widerstand.
• Auf der anderen Seite erschweren große Räder oft das Auf- und Absteigen des Fahrers und der Passagiere. Sie können zudem die seitliche Wendbarkeit beeinträchtigen.
• Die Nabe besitzt heutzutage in der Regel eine mit Fett oder Öl gefüllte Patentbuchse oder ein auf Kugeln laufendes Lager. Die Nabe ist auf den Achsen befestigt. Wegen der starken Reibung, die bei der Umdrehung des Rades entsteht, muß sie sorgfältig gepflegt und der Fett- bzw. Ölstand ständig kontrolliert werden.
• Die am Nabenblock eingesetzten Speichen haben eine geringe Neigung nach außen. So wird verhindert, daß der Radreifen durch die Schrägstellung des Rades den Boden nur an der Außenseite berührt. Diese Neigung der Speichen bezeichnen wir als Sturz bzw. als Rad-

sturz. Der Sturz bewirkt zudem, daß der vom Rad mitgenommene Schmutz während der Fahrt nach außen weggeschleudert wird.
- Luftgummibereifte Räder haben sich bei verschiedenen Wagentypen gut bewährt. Das gilt besonders dann, wenn sie häufig im Straßenverkehr eingesetzt werden. Holzspeichenräder sind in der Regel an ihrer Lauffläche durch ein Eisenband oder eine Hartgummiauflage geschützt.
- Vorder- und Hinterräder sollten dieselbe Spurbreite haben. Eine breite Spur erhöht die Sicherheit des Wagens. Für das Sportfahren (Turniere, Prüfungen usw.) ist eine Spurbreite von 1,60 cm als äußerste Spurbreite des breitesten Radpaares festgelegt.

Wagenkasten, Federn und Fahrersitz
- Auf dem *Wagenkasten* haben der Fahrer, die Fahrgäste (Passagiere) und evtl. mitgenommenes Gepäck ihren Platz. Nach den verschiedenen Formen des Wagenkastens (offen oder verdeckt, für zwei oder mehr Personen, mit entsprechender Ladefläche) sind die Wagentypen benannt.
- Der Wagenkasten ist normalerweise durch Stahlfedern mit der Achse und damit den Rädern verbunden.
- Die vordere Verbindung des Wagenkastens zur Achse ist der **Drehkranz**, der das Wenden ermöglicht. Auch der Drehkranz muß sorgfältig gepflegt werden, denn die Lenkbarkeit des Wagens und damit auch die Schonung der Pferde hängt davon ab, daß seine Öl- bzw. Fettschicht stets sauber ist. Auch eine häufige Kontrolle der Verbindung zwischen Vordergestell und Aufbau am Drehkranz ist wichtig, um die Verkehrssicherheit des Wagens zu gewährleisten.
- An der **Bracke**, die auch *Sprengwaage* genannt wird, werden die Pferde angespannt. Sie ist fest mit der Vorderachse, den Federn am vorderen Wagenkasten und dem Drehkranz verbunden.

Es gibt drei verschiedene Möglichkeiten der Anspannung:
– *mit Ortscheiten an der festen Bracke (für den geschulten Fahrer die rationellste Anspannungsart),*

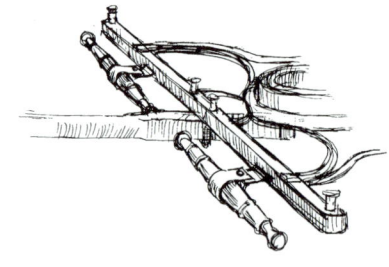

Ortscheite mit fester Bracke

– *mit feststehenden Docken auf der Bracke (nur mit Kumtgeschirr möglich – beim Sielengeschirr würde die feste Anspannung die Brust durchscheuern!),*

– mit der **Spielwaage** (bei landwirtschaftlichen Fahrzeugen bei der Ackerarbeit und im schweren Zug gebräuchlich).

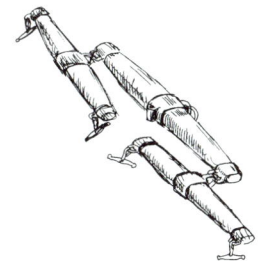

Ortscheite mit Spielwaage

Die Federn, die die Achsen mit dem Wagenkasten verbinden, können auf zweierlei Art angebracht sein:
  a) Der Wagenkasten ruht auf den Federn, oder
  b) er ist an den Federn aufgehängt.

• Die Federn sind entweder als mehrschichtige Stahlblätter mit einem oberen und einem unteren Teil als Druckfedern hergestellt, oder sie sind mit einem freistehenden Ende als C-Feder versehen. Je nach Wagenmodell sind die Federn in Fahrtrichtung unter dem Wagenkasten oder quer zur Fahrtrichtung angebracht. Wenn sie quer zur Fahrtrichtung verlaufen, ist es unvermeidlich, daß der Wagenkasten, vor allem bei Geländefahrten, seitlich ausschwingt.

• Die *Sitze für Fahrer und Fahrgäste* befinden sich auf dem Wagenkasten. Für die Sicherheit sind Höhe und Beschaffenheit des Fahrersitzes von ausschlaggebender Bedeutung:

• Der Fahrer sitzt auf der rechten Seite des Bockes, damit er die **Feststellbremse** mit der freien rechten Hand bedienen kann. Um das Gespann sicher beherrschen zu können, muß er etwas höher als in Kruppenhöhe der vor ihm ziehenden Pferde sitzen.

Einen sicheren und höheren Sitz schafft das keilförmige Bockkissen.

• Besonders bei Mehrspännern ist ein keilförmiges, hinten erhöhtes Polster, das sogenannte **Bockkissen**, zweckmäßig. Es ist so hoch, daß der Fahrer mit leicht gekrümmten Knien seine Füße auf den etwas angeschrägten Boden des Wagenkastens stellen kann und dabei mit dem Gesäß

in voller Breite auf dem Polster sitzt. Nur so ist es ihm möglich, jederzeit die Kreuzmuskulatur anzuspannen, falls die Pferde einmal zu stark gegen das Gebiß gehen und er mit den Leinen „durchhalten" muß.
• Am Wagenkasten, vor den Beinen des Fahrers, befindet sich das Spritzbrett, das nicht nur vor hochgeschleudertem Schmutz schützt, sondern auch einen gewissen Halt vor dem Vornüberfallen bietet.

Scheren und Deichsel

• Als *Schere* bezeichnen wir die beiden hölzernen oder metallenen Stangen, zwischen denen das Pferd im Einspänner geht. Sie sind an der Bracke (Sprengwaage) am Vorderteil des Wagens angebracht.
• Die Scheren müssen so weit auseinander stehen, daß das eingespannte Pferd volle Bewegungsfreiheit hat. Die Scherbäume sind so lang, daß die Spitze der Schere mit der Bugspitze (Brust) des ziehenden Pferdes abschließt.
• Die Scherbaumspitzen dürfen nicht zu kurz sein, weil dadurch die Gefahr bestünde, daß dem Pferd beim Bremsen die Scheren hinter der Schulter bzw. dem Ellenbogen in den Leib gestoßen werden, was zu schweren Verletzungen führen kann.
• Im vorderen Drittel der Scheren sind seitlich hakenförmige Befestigungsmöglichkeiten für den Scherenträger des Selletts angebracht. Da das Pferd den Wagen häufig allein mit diesen Haken bremst, müssen sie aus widerstandsfähigem, bestmöglichem Material hergestellt sein.
• Im hinteren Drittel des Scherbaums befinden sich angeschraubte Ösen für den Schlagriemen, etwas weiter vorne die Ösen für ein eventuelles Hintergeschirr.
• Je nach Wagentyp ist am hinteren Teil der Schere das *Ortscheit* angebracht, das zur Befestigung der Stränge dient und beweglich ist. Wiederum abhängig von der Bauart des Wagens, ist die Schere fest mit der Bracke verbunden oder abnehmbar.
• Die *Deichsel* wird bei Zweispännern verwendet. Sie dient zum Lenken des Wagens und zum Aufhalten (Bremsen).
• Die Deichsel soll aus elastischem Holz (Esche ist z.B. gut geeignet) und aus einem Stück angefertigt sein. Ihre Länge ist von der Größe der Pferde abhängig und beträgt durchschnittlich ca. 2,80 m. Diese Länge wird von den Ortscheiten bis zur Deichselbrille gemessen. Insgesamt ist die Deichsel allerdings länger, um sie ausreichend am Wagen befestigen zu können. Sie ist richtig bemessen, wenn sie etwa mit der Stirnlinie der Pferde abschließt, während diese mit anstehenden Strängen stehen.
• Zu kurze Deichseln sind gefährlich! Im schweren Zug können sie hinter die Ellenbogen der Pferde geraten und dort schwere Verletzungen hervorrufen.

- Am Wagen befestigt wird die Deichsel in Stahlösen, dem Deichselschuh, und am Lenkschemel (Drehkranz) unterhalb der Bracke. Abgesichert wird sie mit einem Dorn oder Splint, dem sogenannten Deichselnagel.

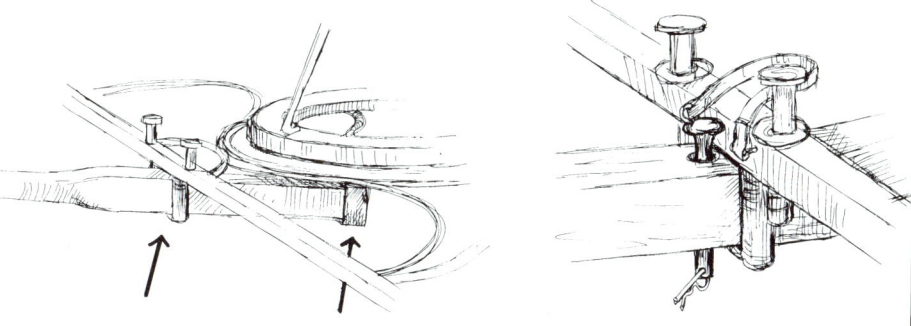

- Das Vorderende der Deichsel muß – bei normalgroßen Pferden etwa 1 m bis 1,05 m über dem Boden stehen und darf nicht von den Pferdehälsen getragen werden. Bei Ponys oder auch sehr großen Pferden rechnet man als Maß etwa die Höhe des Buggelenks. An der Deichselspitze befindet sich eine Vorrichtung zur Befestigung der Aufhalter, die Deichselbrille, die wegen ihrer starken Beanspruchung beim Aufhalten (Bremsen) aus bestem Material bestehen muß. Der vordere Teil der Deichselbrille ist bis zur Senkrechten beweglich, damit bei einem eventuellen Sturz eines Pferdes keine Verletzungsgefahr entsteht und die Deichsel nicht brechen kann.

Die Bremse
- Eine Bremse ist unbedingt erforderlich, um pferdeschonend und sicher fahren zu können. Den geschulten Fahrer erkennt man am richtigen und häufigen Gebrauch der Bremse. Nur ein schlechter Fahrer läßt die Pferde allein mit den Aufhaltern bremsen oder ihnen gar den Wagen auf die Hacken rollen!

Wir unterscheiden zwischen folgenden Arten von Bremsen:
  - *Spindelbremse,*
  - *Hebel-Druck- und Zugbremse (diese drei Arten von Bremsen werden mit der Hand bedient und sind an der rechten Wagenseite neben dem Fahrersitz angebracht),*
  - *Fußbremse.*

Zudem gibt es noch den Bremsschuh bzw. die Bremsklötze zum Unterlegen, die jedoch nur selten, z.B. bei Fahrten im Gebirge, gebraucht werden.

- Die **Spindelbremse** wird durch ein Rad oder eine Kurbel bedient. Sie funktioniert relativ langsam, ist jedoch im Gebirge am sichersten.
- Die **Druckbremse** und die **Zugbremse** sind am Handende rechts neben dem Fahrersitz in einer Führung mit gezahnten Einschnitten befestigt.

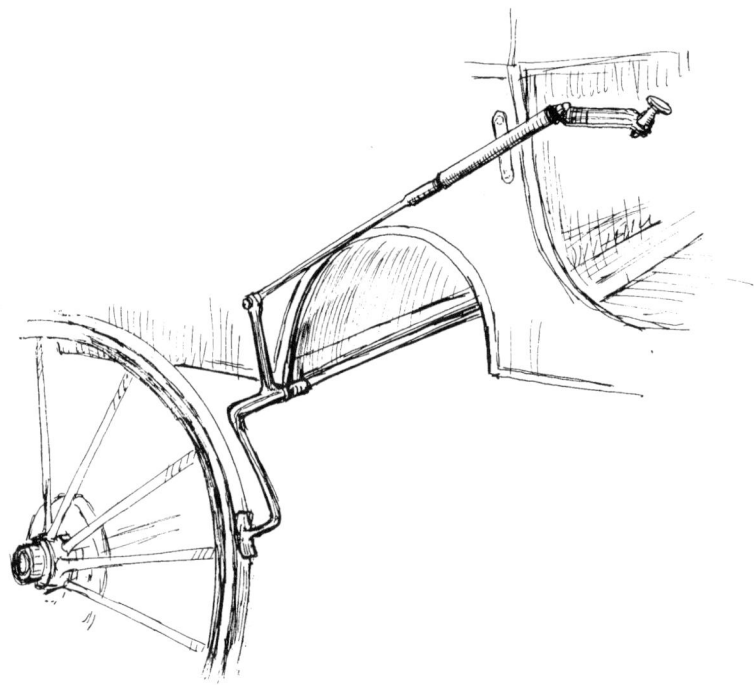

- Im allgemeinen wird die Wirkung der Bremsen durch Schleifbacken aus Holz oder Hartgummi erzielt, die auf den äußeren Belag des Hartkreuzes wirken, bzw. durch Scheibenbremsen.
- Bei luftgummibereiften Wagen werden **Bremstrommeln** an der Radnabe verwendet, die auch bei Motorrädern üblich sind.
- Die **Fußbremse** ist am Bodenbrett des Wagenkastens angebracht und muß vom Fahrer mit dem linken oder rechten Fuß leicht erreichbar sein. Sie hat den Vorteil, daß der Fahrer seine Hände frei hat, um die Leinen zu handhaben und Verkehrszeichen zu geben. Zusätzlich zur Fußbremse muß eine feststellbare Handbremse vorhanden sein.
- *Alle Bremsen sollten* so *geräuschlos* wie möglich *funktionieren*. Bremsklötze aus Weißbuchen-, Weiden-, Pappel- oder Lindenholz verursachen kaum Geräusche und sind daher empfehlenswert.
- Die mechanischen Teile der Bremsen müssen ausreichend eingefettet sein. Der Fahrer sollte allerdings darauf achten, überquellendes Fett sofort abzuwischen. Es kann häßliche Spuren auf der eigenen Kleidung und auf der seiner Mitfahrer hinterlassen!

Von den Bremsen hängt in hohem Maß die Sicherheit ab, deshalb sind die besten Bremsen gerade gut genug.

Beleuchtung

Wie alle Fahrzeuge, die am Straßenverkehr teilnehmen, muß natürlich auch das Pferdegespann eine funktionierende Beleuchtung haben.

Die gesetzlichen Vorschriften hierfür lauten:

- Vorne mindestens eine Leuchte mit weißem, hinten mindestens eine mit rotem Licht. Die Beleuchtung muß mit der unteren Lichtaustrittsfläche mindestens 0,60 m, mit der oberen nicht höher als 1,50 m am Wagen angebracht sein. Die Lichtquelle darf eine Kerze, eine Batterie oder ein Dynamo sein. (Beim Sportfahren auf Turnieren wird aus Stilgründen die kerzenbeleuchtete Kutschlampe an der Vorderseite des Wagens gewählt.)
- An der hinteren Seite des Fahrzeugs sind zudem zwei rot reflektierende Rückstrahler vorgeschrieben. Ihr oberer Rand darf nicht mehr als 0,90 m über der Fahrbahn liegen. Sie müssen möglichst weit am Rand des Fahrzeugumrisses, auf keinen Fall aber weiter als 0,40 m von seiner breitesten Stelle entfernt, angebracht sein.
- An den Längsseiten ist mindestens je ein gelber Rückstrahler, nicht höher als 0,60 m über der Fahrbahn, vorgeschrieben. Diese seitlichen Rückstrahler sollten aus Gründen der Verkehrssicherheit auch an älteren Kutschen und Trainingswagen angebracht sein, da diese häufig abends bei Dämmerung und Dunkelheit gefahren werden.
- Rückstrahler am Gespannfahrzeug sollten rund sein.
- Natürlich ist der Fahrer dafür verantwortlich, daß die Beleuchtungsquellen betriebsbereit und sauber sind und nicht durch Gegenstände (z.B. Decken) oder den Beifahrer verdeckt werden!

8.3 Pflege

- Den Wagen spritzt man mit einem Schlauch ab (beim Abreiben kann der Lack beschädigt werden!). Die Polsterung wird abgebürstet. Metallteile (z.B. Beschläge am Wagen) säubert man mit einem feuchten Lappen.
- Benutze zur Pflege des Wagens viel Wasser. Schmutz entfernst du, bevor er eingetrocknet ist. Das Wasser darf jedoch auf keinen Fall längere Zeit in den Ecken des Wagenkastens oder an anderen schwer erreichbaren Stellen stehenbleiben, da sonst das Holz fault. Deshalb wird der Wagen nach dem Waschen abgeledert und getrocknet. Nicht in der Sonne waschen, weil darunter der Lack leidet!
- Polstersitze, Bodenteppiche usw. werden mit einer Bürste, mit dem Staubsauger und ab und zu mit einem Klopfer gesäubert.
- Besonders gepflegt werden müssen die beweglichen Wagenteile wie die Räder und der Drehkranz. Vor allem *der Drehkranz ist regelmäßig zu ölen bzw. zu fetten*. Nach der Fahrt wird der dort angesammelte Schmutz entfernt, bevor er verkrustet.
- Die *Naben oder Buchsen der Räder werden an den Achsen geschmiert*. Jeder Fahrer sollte die Fähigkeit des Radschmierens erlernen. Da die meisten Räder heute Patentbuchsen bzw. -achsen besitzen, ist es ratsam, sich die richtige Handhabung von Fachleuten aus dem Wagenbau oder von Mechanikern zeigen zu lassen.
- Nach jeder Fahrt und bei jeder Reinigung überprüft man Wagen und Ausrüstung auf ihre Betriebssicherheit. Dabei gehören das Spiel der Räder, der Sitz der Schrauben, Buchsen und Achsen, die Beschaffenheit der Bremsen und Bremsklötze sowie die Funktionsfähigkeit der Beleuchtung zu den wichtigsten Punkten.

Vorsicht **Überprüfe die Betriebssicherheit, vor allem die der Bremsen, lieber einmal zuviel als einmal zu wenig!**

- Der Wagen wird in einem trockenen, luftigen Raum untergestellt und, wenn nötig, mit einer Plane abgedeckt. Die Deichsel nimmt man heraus, damit sie sich nicht verzieht. Auch die Aufhalter (Riemen oder Ketten) werden nach jeder Fahrt aus der Deichselbrille entfernt und auf ihre Sicherheit hin überprüft.
- Bei Einspännerwagen, die nur kurz abgestellt werden, darf die *Schere* am Wagen bleiben. Sie wird dann an diesem hochgestellt und abgesichert, damit sie nicht herunterfallen kann. Bei längerem Abstellen löst man die Schere und hängt sie mit der Spitze nach unten auf. Überprüfe die Sicherheitssplinte vor und nach jeder Fahrt!

Sehr wichtig ist es, Beschädigungen an den Scherbäumen sofort zu beheben. Schadhafte Scherbäume könnten während der Fahrt brechen und schwere Unfälle verursachen.

Der Wagen braucht einen Unterstellplatz oder eine schützende Plane.

Kapitel 9

Fahren im Gelände und im Straßenverkehr

- Die praktische Fahrausbildung sollte auf extra dafür vorgesehenen Plätzen oder verkehrsarmen Wegen stattfinden. Dasselbe gilt für das spätere Fahren des Hobbyfahrers. Sehr geeignet für das Fahren ist ein Platz, der mindestens eine Fläche von ca. 70 X 100 m hat und auf dem der Boden eben und nicht zu tief ist.
- Erst wenn du auf dem Platz genügend Sicherheit in der Beherrschung des Gespanns erworben hast, wird dein Lehrer mit dir gelegentlich ins Gelände fahren. Dabei läßt sich in der Regel die Begegnung mit dem Straßenverkehr nicht völlig vermeiden. Selbst in einem so idealen Gelände wie der Lüneburger Heide mußt du zumindest mit anderen Gespannen oder landwirtschaftlichen Fahrzeugen rechnen!
- Im Gegensatz zu früheren Zeiten beschränkt sich die Fahrausbildung auf Straßen und im Verkehr heute auf nur wenige Übungsstunden, da im modernen, voll motorisierten, schnellen Verkehr ein Gespann immer mehr zum Hindernis und zur Gefahrenquelle geworden ist. Außerdem nehmen notorische Raser im allgemeinen leider wenig Rücksicht auf die Pferde!
- Das sind Gründe genug, um auch später Verkehrsstraßen möglichst ganz zu meiden bzw. ihre Benutzung auf ein notwendiges Minimum einzuschränken (Überqueren, kurze Strecken, falls keine Alternative besteht). Neben-, Feld- und Waldwege sind für das Fahren am besten geeignet, wobei selbstverständlich die gesetzlichen Regeln und Gebote beachtet werden müssen.
- Ist es dennoch einmal unumgänglich, eine verkehrsreiche Straße zu benutzen, solltest du im Trab fahren, um dich dem Verkehrsfluß einigermaßen anzupassen.
- Ein Pferdegespann als langsames Fahrzeug muß ständig auf der äußersten rechten Straßenseite fahren. Es kommt jedoch vor, daß auf schmalen Sträßchen oder Wegen Autofahrer mit ungebremstem Tempo entgegenkommen oder überholen. In diesem Fall ist es aus Sicherheitsgründen gerechtfertigt, das Gespann etwas mehr in der Mitte zu halten, bis der Fahrer sein Tempo reduziert hat und signalisiert, daß auch er entsprechend auszuweichen bereit ist!
- Vor dem Überqueren einer verkehrsreichen Straße mußt du dein Gespann anhalten. Wenn du nicht absolut sicher sein kannst, daß das Pferd oder die Pferde ruhig und zuverlässig stehen, so mußt du deinen Beifahrer bitten, abzusitzen und nach vorne zu gehen, um die

Pferde zu beruhigen und evtl. zu halten.
- Sehr wichtig ist, daß dein Beifahrer nicht irgendein Passagier, sondern ein erfahrener Pferdemann (bzw. eine Pferdefrau!) ist, der es versteht, mit Pferden umzugehen und auf sie einzuwirken.
- Hast du angehalten, um einem anderen Fahrzeug die Vorfahrt zu lassen, so solltest du dich vergewissern, daß dein Pferd dieses gesehen hat, bevor du wieder anfährst. Berechne die Scheuklappen mit ein, die ihm nur eine begrenzte Sichtweite ermöglichen!
- Bei allen angsteinflößenden Gefährten wie Mähdreschern oder anderen Pferdegespannen (z.B. Planwagen mit flatternder oder knisternder Plane) ist es ratsam, daß der Beifahrer nach vorne geht, sobald die Pferde Anzeichen von Nervosität zeigen. Dasselbe gilt auch bei anderen Gefahrenmomenten wie Pferden oder Kühen, die auf einer Weide neben dem Fahrweg übermütig galoppieren könnten!

Nutze im Zweifelsfall immer die Hilfe des Beifahrers. Sei lieber dreimal zu vorsichtig als einmal zu leichtsinnig!

- Vor Antritt einer Fahrt muß sich der Fahrer von der Betriebs- und Verkehrssicherheit seines Gespanns überzeugen. Er ist dafür verantwortlich, daß das Gespann, die Ladung und die Besetzung vorschriftsmäßig und verkehrssicher sind.
- Falls während der Fahrt Mängel auftreten, die die Verkehrssicherheit beeinträchtigen und die nicht sofort behoben werden können, ist der Fahrer verpflichtet, sein Gespann auf dem kürzesten Weg aus dem Verkehr zu ziehen.
- Der Fahrer eines Pferdegespanns ist heute im allgemeinen verkehrsgewohnt und kennt die Regeln, Verordnungen und Gebote, die für ihn und sein Gespann selbstverständlich genau so gelten wie für jeden anderen Verkehrsteilnehmer.

Er orientiert sich im einzelnen an:
- *dem Straßenverkehrsgesetz,*
- *der Straßenverkehrsordnung,*
- *der Straßenverkehrs-Zulassungsordnung.*

- Grundlegend ist die Beachtung von §1 der Straßenverkehrsordnung: „Die Teilnahme am Straßenverkehr erfordert ständige Vorsicht und gegenseitige Rücksicht. Jeder Verkehrsteilnehmer hat sich so zu verhalten, daß kein anderer geschädigt, gefährdet oder mehr, als nach den Umständen unvermeidbar, behindert oder belästigt wird."
- Selbstverständlich gehört zum richtigen Verhalten im Straßenverkehr auch die Kenntnis der Verkehrszeichen, ihre Anwendung und Befolgung.

- Wie jeder Verkehrsteilnehmer muß natürlich auch der Fahrer eines Pferdegespanns dem nachfolgenden Verkehr eine bevorstehende Richtungsänderung deutlich und unmißverständlich anzeigen, nachdem er sich vorher umgesehen hat. Das Anzeigen geschieht durch ein gut sichtbares seitliches Ausstrecken des Armes. Früher war es üblich (und wurde so auch in Fahrkursen gelehrt!), das Zeichen zum Abbiegen nach links mit der ausgestreckten Peitsche über dem Kopf zu geben. Nach neuester Rechtsprechung reicht dies nicht aus, zumal kaum ein Verkehrsteilnehmer mehr die Bedeutung dieses Zeichens kennt.
- Der Fahrer sollte mit seinem Beifahrer absprechen, daß dieser auf seine Anweisung hin mit dem linken Arm das Verkehrszeichen nach links gibt. Ist (ausnahmsweise!) einmal kein Beifahrer zugegen, so mußt du – im Gegensatz zur Achenbachschen Lehre! – die linke Hand völlig aus den Leinen nehmen und mit ihr das Verkehrszeichen geben, während du mit der rechten Hand weiterfährst. Sicherheit ist in diesem Fall wichtiger als die Befolgung klassischer Regeln!

Verkehrszeichen

Geradeausfahren

Fahren im Gelände und im Straßenverkehr

Halten

Anzeigen von Richtungsänderungen

Kapitel 9

Anzeigen von Richtungsänderungen

- Da in den letzten Jahren das Umweltbewußtsein in der Bevölkerung erheblich gewachsen ist, wird auch vom Fahrer verlangt, daß er auf Landschaft und Natur Rücksicht nimmt. Es gibt eine Reihe neuer Gesetze des Bundes und der Länder, die dem Erholungswert der freien Landschaft mit Recht eine hohe Bedeutung beimessen.

- Auch die im Grundgesetz verankerte Sozialbindung des Eigentums erfuhr eine erweiterte Auslegung, die dem Fahrer von Pferdegespannen wie auch dem Reiter oft neue Beschränkungen in der freien Benutzung von Feld- und Waldwegen auferlegt. Jeder Fahrer ist daher verpflichtet, sich über die örtlichen Regelungen zu informieren und sie zu respektieren.

- Auch Fahrten auf Wegen in Wald und Flur gehören in der Regel zum öffentlichen Verkehr. Deshalb muß ein Fahrzeug einen zur selbständigen Leitung geeigneten Führer haben. Welche Eignung der Fahrer eines Gespanns haben muß, ist gesetzlich im einzelnen nicht genau festgelegt. Es kommt dabei auf den Einzelfall an. An einen Fahrer im Stadtverkehr werden höhere Anforderungen gestellt als an den Fahrer auf Wald- oder Feldwegen.

- Ratsam ist es immer, daß der Fahrer seine Eignung in einer anerkannten Prüfung unter Beweis stellt! Hierfür bietet sich der Erwerb des Deutschen Fahrerabzeichens in den verschiedenen Klassen an. Mit dem Erwerb eines solchen Abzeichens weist der Fahrer seine praxisnahe Ausbildung in der Beherrschung eines Ein-, Zwei- oder auch Mehrspänners nach und beweist zugleich Kenntnisse der gesetzlichen Anforderungen und die Fähigkeit, sich sicher im öffentlichen Verkehr zu verhalten. Durch eine Prüfung beim Fahren im Straßenverkehr entspricht das Fahrerabzeichen dem Sinn des im Reitsport bewährten „Reiterpasses."

- Das Fahren im Gelände ist gewiß ein Höhepunkt für jeden Fahrer. Gerade weil es soviel Freude machen kann, ist es wichtig, alle Bestimmungen und Sicherheitsvorkehrungen zu kennen und zu befolgen. Erst dann wird das Geländefahren zu einem unvergleichlich schönen und ungetrübten Erlebnis.

Kapitel 9

Kapitel 10

Ausblick: Fahren in Prüfungen und Wettbewerben

Wir wollen dir am Ende dieses Buches zusammenfassend einige Anregungen und Tips geben, die sich bei Prüfungen (z.B. zum Erwerb eines Fahrabzeichens) und Wettbewerben in allen Fahrdisziplinen bewährt haben. Du findest sie in den Teilkapiteln 1.2 und 1.3 genau beschrieben:

• Eine sehr wichtige Voraussetzung dafür, daß du gute oder sogar maximale Leistungen zu einem gewünschten Zeitpunkt erbringen kannst, ist der Umgang mit den Folgen von Streß, der durch Prüfungs- und Wettbewerbssituationen entsteht. Wir haben dir im Teilkapitel 1.3 erklärt, daß die durch Streß entstehende Adrenalinausschüttung im Blut zwar leistungssteigernd ist, daß jedoch zuviel davon leistungshemmende Verkrampfungen oder gar Blockierungen bewirkt.

• Wir haben dir auch Übungen aufgezeigt, mit denen du dich in jeder Situation entspannen kannst. Du hast dort auch erfahren, welche Möglichkeiten das Selbstgespräch bietet, um diese Entspannung wirkungsvoll zu unterstützen.

• Du hast auch die Anfangsübungen des autogenen Trainings kennengelernt, die sich hervorragend zur Entspannung eignen und mit denen du eine Menge erreichen kannst:

• Durch die erwähnten Schwere- und Atemübungen kannst du z.B. Einschlafprobleme am Abend vor einer Prüfung beseitigen und wirst dadurch gewiß mehr Kräfte schöpfen als durch ein paar Stunden unruhigen Schlafs! Sie helfen dir auch dabei, dich kurz vor einem Wettkampf oder in Pausen zwischen zwei Wettkämpfen zu erholen.

• Wir haben dargestellt, wie du dich anspannen, aufputschen und leistungsfähig machen kannst, wenn du abgespannt, müde oder lustlos bist.

• Diese Technik des Sichanspannens ist nicht zuletzt dann sehr sinnvoll, wenn du dich vorher zur Erholung entspannt hast, um eine Pause zu überbrücken, oder bei Startverzögerungen.

> Du besitzt mit den Übungen zur **Entspannung** und Anspannung hervorragende **Techniken**, um dich für den entscheidenden **Zeitpunkt** fit und leistungsstark zu machen!

sehr hilfreich

Kapitel 10

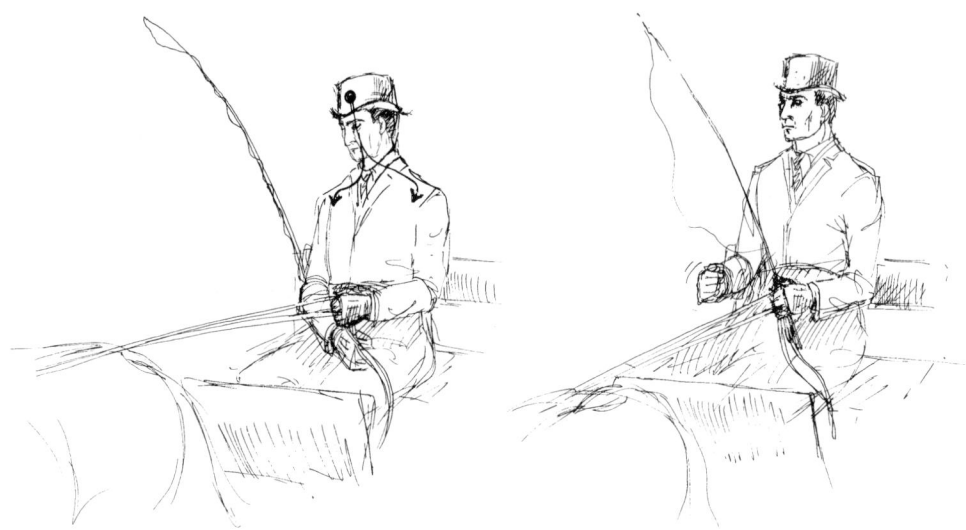

Du besitzt nun die Fähigkeit, dich abzuspannen und aufzuputschen.

- Ein wesentlicher, leistungssteigernder Faktor bei Prüfungen und Wettkämpfen ist die Bewegungsvorstellung. Das Beherrschen dieser Fertigkeit ermöglicht dir vor allem, Fehlverhalten, wie verkehrtes Einfahren in ein Hindernis oder Einschlagen eines falschen Parcours, auszuschließen.
- Natürlich wird sich diese Technik nur dann mit all ihren positiven Möglichkeiten auswirken, wenn du sie vorher gründlich trainiert hast und nicht erst kurz vor einer Prüfung ausprobierst!
- Zum Vorgehen: Du stellst dir ganz genau vor, wie du deine Dressuraufgabe, deine Geländefahrt oder den geforderten Parcours fährst und baust dir an den entsprechenden Stellen durch Selbstgespräche in Kurzform Punkte ein, auf die du achten willst.
- Das mentale Durchgehen deiner Prüfung sollte dieselbe Zeit in Anspruch nehmen wie der wirkliche Ablauf und zum Schluß möglichst auch den konkreten Platz, auf dem der Wettkampf stattfindet, miteinbeziehen.
- Wenn du Schwierigkeiten bei der Konzentration auf die Vorstellung von Bewegungsabläufen hast, sind Selbstgespräche ein ausgezeichnetes Mittel, um sie zu überwinden.
- Schwierigkeiten beim mentalen Training könnten z.B. sein, daß du in der Bewegung hängenbleibst, eine Bewegungsabfolge überspringst oder anfängst, an etwas anderes zu denken. Durch das Selbstgespräch kannst du die Konsequenz und den flüssigen Ablauf deiner Bewegungsvorstellungen bestimmen.

Ausblick: Fahren in Prüfungen und Wettbewerben

- Solche Schwierigkeiten – auch Störungen durch die Vorstellung, daß etwas Unvorhergesehenes passieren könnte – sind die Regel, wenn mentales Training nicht systematisch geübt worden ist!
- Wir haben dir gezeigt, wie hilfreich es ist, wenn du die Formulierung der Steuerungs- oder Knotenpunkte, z.B. für die Dressuraufgabe, Geländestrecke oder den Parcours in Kurzform gemeinsam mit deinem Lehrer oder Trainer formulieren kannst.

> **Mit der Fertigkeit der Bewegungsvorstellung besitzt du eine wirksame Technik, um dich beim Fahren von Prüfungen in der Dressur, im Gelände und im Parcours immer weiter zu verbessern und Fehlverhalten von deiner Seite auszuschließen. Du kannst dich dadurch zunehmend auf dich selbst und deine Leistung verlassen!** *Erfolgsrezept*

- Du hast gelernt, Konzentrationsstörungen, z.B. durch Sorgen, Streit mit dem Chef, Ärger am Arbeitsplatz, Krankheit in der Familie, mit dem „Sorgenkasten-Vorgang" zu überwinden.
- Du mußt wissen, daß die Freude über das erfolgreiche Bewältigen einer schwierigen Aufgabe, wie beispielsweise das fehlerlose Durchfahren eines Teiches, unter Umständen besondere Tücken für das nächste Hindernis mit sich bringt! Die Freude darüber, daß „dieses Hindernis (diese Aufgabe) geschafft" ist, kann deine Konzentration für einen Moment beeinträchtigen und zu einem Fehler am folgenden Hindernis führen.

Bitte deinen Lehrer und Trainer darum, dir zu sagen, was du tun sollst, und nicht, was du vermeiden mußt.

- Sag' dir immer: Das nächste Hindernis ist das wichtigste, d.h. die nächste, nicht die vergangene und nicht die übernächste Aufgabe verlangt deine volle Konzentration.
- Finde heraus, ob du vor dem Start Ruhe brauchst oder ob du durch Ablenkung, etwa im Gespräch mit anderen, leistungsfähiger bist.
- Formuliere dein Selbstgespräch stets positiv, indem du dir sagst, was du machen willst, und nicht, was du lassen, also nicht tun darfst. Positive Selbstgespräche sollten zum festen Bestandteil deines gesamten Trainings werden!
- Deshalb bittest du auch deinen Trainer darum, dir zu sagen, was du tun sollst, und nicht, was du vermeiden mußt.

merke

Sei dir klar darüber: Wenn du selbst oder dein Trainer sagen, was du nicht tun sollst, löst dies immer die gegenteilige Wirkung aus: du überhörst das „nicht" und denkst unwillkürlich nur an das Darauffolgende (z.B.: Nicht so <u>scharf in die Kurve fahren</u>! = das Unterstrichene bleibt hängen).

- Stimme dich positiv ein: Du hast es mit deinem Gespann zu Hause gekonnt, also kannst du es auf jedem anderen Platz der Welt!
- Wenn du dich an die Stimmung eines Tages erinnerst, an dem du besonders erfolgreich warst, so hast du die beste Motivation für erneute gute Leistungen.
- Wenn du dir – möglichst mit deinem Lehrer oder Trainer zusammen – bereits im Training Wettkampfsituationen schaffst, so erwirbst du ein großes Maß an Sicherheit und wertvollen Erfahrungen: Fordere also von dir zu einem festgelegten Zeitpunkt ganz bestimmte Leistungen, die an diesem Tag nicht wiederholt werden, das heißt: Auch fehlerhafte Übungen werden (wie in der Prüfung) nicht korrigiert.
- Den „Ernstfall" übst du auch bei besonderen Schwierigkeiten, wie Startverzögerung, schlechten Witterungs- und Bodenverhältnissen, und mit Störfaktoren, wie Lärm, unruhigen Zuschauern und flatternden Bändern.

nützlich

Du kannst auch die Ernstsituation eines Wettkampfes trainieren und dadurch viele positive Erfahrungen machen, die dazu beitragen, unnötiges Fehlverhalten zu verhindern.

- Du erzielst ausgezeichnete Wirkungen, wenn du das mentale Training im Wechsel mit motorischem Training einsetzt: Du stellst dir genau vor, was du tun willst, führst es dann aus und vergleichst das Ergebnis mit dem, was du dir vorgenommen hast.

- Auch Videoaufnahmen sind sehr sinnvoll, wenn sie mit einer qualifizierten Beurteilung und anschließendem erneuten mentalem Training kombiniert werden.
- Und vergiß nicht: Ob deine Teilnahme am Wettkampf nun erfolgreich oder eher enttäuschend war – für dein weiteres Training ist es vor allem wichtig, daß du (möglichst gemeinsam mit deinem Trainer) das Ergebnis analysierst und aus dieser Analyse zu einer neuen Zielsetzung gelangst.

Und so könnte es später einmal weitergehen – wenn du „Blut geleckt" und angefangen hast, von höheren Zielen zu träumen.

Kapitel 11

Anhang

11.1 Bestimmungen zum Erwerb eines Fahrerabzeichens

Die nachfolgenden Bestimmungen wurden aus der Ausbildungs-Prüfungsordnung (APO) der Deutschen Reiterlichen Vereinigung e.V. (FN), Warendorf, entnommen. Derzeit gültiger Stand: 1.1.94. Änderungen sind vorbehalten.

C VI.2 Deutsches Fahrerabzeichen (Kl. IV-I)
Das Fahrerabzeichen wird als Kleines Fahrerabzeichen (DFA IV), in Bronze (DFA III), Silber (DFA I) und Gold (DFA I) vergeben.

Kleines Fahrerabzeichen (DFA IV)
Aufgabe des DFA IV ist es,
- praktische und theoretische Grundkenntnisse und Fähigkeiten im Fahrsport zu vermitteln und zu prüfen,
- eine sinnvolle, an den Richtlinien für Reiten und Fahren orientierte Ausbildung zu fördern,
- einen Leistungsanreiz zu schaffen und den jeweiligen Leistungsstand zu überprüfen.

Das DFA IV soll bei Vermeidung einer Überforderung den Prüflingen die Möglichkeit geben, in ihrem Ausbildungsstand entsprechende Abzeichen mit guten Ergebnissen abzulegen. Es soll auf die erhöhten Anforderungen weiterführender Abzeichen vorbereiten.

§ 2400
Zulassung
1. Der Antrag auf Zulassung zur Prüfung ist vom Bewerber an den Veranstalter gem. § 2402/ 1 zu richten.
2. Zugelassen sind alle Bewerber.
3. Zugelassene Pferde und Ponys: 4-jährige und ältere Fahrpferde und -ponys, die den Anforderungen der betreffenden Klasse entsprechen. Je Prüfung ist der Einsatz eines Gespannes in der Regel nicht mehr als 6 mal zulässig.

§ 2401
Anforderungen
Die Prüfung besteht aus 2 Teilprüfungen, die an einem Tag oder an 2 aufeinanderfolgenden Tagen abzulegen sind. Es werden folgende Anforderungen gestellt:

1. **Teilprüfung Praktisches Fahren:**
   Richtiges Auf- und Absteigen mit vorschriftsmäßigem Abmessen der Leinen und Leinenverschnallung bei Zweispännern. Fahren und Beherrschen eines Zweispänners im Schritt und Trab mit vorschriftsmäßiger Leinen- und Peitschenführung geradeaus, in Wendungen auf einem Platz, im Gelände und im Verkehr gem. Richtlinien Band 5. Auf Verlangen der Richter kann Gespannwechsel vorgenommen werden. Beurteilt werden Haltung, Leinen- und Peitschenführung des Fahrers.

2. **Teilprüfung Theorie:**
   Jeder Bewerber ist entsprechend den Anforderungen der Kl. A in jedem der 4 Prüfungsgebiete zu prüfen:
   – Pferdehaltung und Umgang mit dem Pferd
   – Grundkenntnisse im sachgemäßen Aufschirren und Anspannen, Ausspannen und Abschirren eines Ein- und Zweispänners
   – Grundkenntnisse auf dem Gebiet der Fahrlehre
   – Kenntnis der einschlägigen Bestimmungen des Tierschutzgesetzes, des Straßenverkehrsrechtes und des umweltverträglichen Verhaltens beim Fahren im Gelände.

§ 2402
Prüfungsort, Gebühren

1. Die Prüfung kann von einem RV sowie von Ausbildungsstätten, die dem Niveau eines FN-gekennzeichneten Betriebes entsprechen, mit Genehmigung der LK durchgeführt werden.
2. Die Prüfung darf nicht in Verbindung mit PS/PLS abgehalten werden.
3. Der Termin für die Prüfung ist der LK zu melden.
4. Die Gebühren für die Prüfung sind an den Veranstalter zu entrichten.

§ 2403
Prüfungskommission

1. Jede Prüfung bzw. Teilprüfung ist durch 2 Richter abzunehmen, die hierfür besonders anerkannt sind und möglichst die Qualifikation FM besitzen.
2. Die LK beruft wenigstens einen der beiden Richter.
3. Richter und Veranstalter sind gemeinsam verantwortlich, daß keine Besorgnis der Befangenheit geltend gemacht werden kann (wenn der Richter z. B. als Fahrlehrer den Bewerber unterrichtet hat bzw. als Ausbilder oder Leiter in dem Betrieb tätig ist, in dem die Prüfung veranstaltet wird oder mit einem Bewerber verwandt ist oder dessen RV als Mitglied angehört).

§ 2404
Prüfungsergebnis
1. Die Leistungen in jeder Teilprüfung sind gem. § 58.3 LPO zu bewerten.
2. Bewerber, die nicht in jeder Teilprüfung mindestens die Note 5,0 erreicht haben, haben die Prüfung nicht bestanden. Eine nicht bestandene Prüfung muß im Antragsvordruck eingetragen werden.

§ 2405
Wiederholung der Prüfung
Eine nicht bestandene Prüfung kann erst nach 3 Monaten wiederholt werden. Auch bei Nichtbestehen einer Teilprüfung muß die gesamte Prüfung wiederholt werden.

§ 2406
Urkunde, Abzeichen
Nach bestandener Prüfung händigt die FN eine Urkunde und das Abzeichen aus.

Deutsches Fahrerabzeichen (DFA III, II, I)

§ 2410
Zulassung
1. Der Antrag auf Zulassung zur Prüfung ist vom Bewerber an den Veranstalter gem. § 2412/1 zu richten.
2. Voraussetzung zum Erwerb des DFA III ist:
   Der Bewerber ist wenigstens drei Monate im Besitz des DRA IV.
3. Voraussetzung zum Erwerb des DFA II ist:
   Der Bewerber ist wenigstens ein Jahr im Besitz des DFA III.
4. Zum Erwerb des DFA I aufgrund von Turniererfolgen sind alle Bewerber zugelassen.
5. Zugelassene Pferde und Ponys: 4-jährige und ältere Fahrpferde und -ponys, die den Anforderungen der betreffenden Klasse entsprechen. Je Prüfung ist der Einsatz eines Gespannes in der Regel nicht mehr als 6 mal zulässig.

§ 2411
Anforderungen
1. Erwerb des Leistungsabzeichens aufgrund einer Prüfung. Die Prüfung besteht aus 2 Teilprüfungen, die an einem Tag bzw. an 2 aufeinanderfolgenden Tagen abzulegen sind. Es werden folgende Anforderungen gestellt:

1.1 DFA III

1.1.1 Teilprüfung Praktisches Fahren:
Richtiges Auf- und Absteigen mit vorschriftsmäßigem Abmessen der Leinen und Leinenverschnallung bei Zweispännern. Fahren und Beherrschen eines Zweispänners im Schritt und Trab mit vorschriftsmäßiger Leinen- und Peitschenführung geradeaus, in Wendungen auf einem Platz, im Gelände und im Verkehr und Fahren einer Prüfung in Anlehnung an eine Dressurprüfung Kl. A gem. Richtlinien Band V. Beurteilt werden Haltung, Leinen- und Peitschenführung des Fahrers.

1.1.2 Teilprüfung Theorie:
Jeder Bewerber ist entsprechend den Anforderungen der Kl. A in jedem der 4 Prüfungsgebiete zu prüfen:
- Pferdehaltung und Umgang mit dem Pferd
- Kenntnisse im sachgemäßen Aufschirren und Anspannen, Ausspannen und Abschirren eines Ein- und Zweispänners
- Kenntnisse auf dem Gebiet der Fahrlehre sowie des Leistungsprüfungswesens
- Kenntnis der einschlägigen Bestimmungen des Tierschutzgesetzes, des Straßenverkehrsrechtes und des umweltverträglichen Verhaltens beim Fahren im Gelände.

1.2 DFA II

1.2.1 Teilprüfung Praktisches Fahren:
Richtiges Auf- und Absteigen mit vorschriftsmäßigem Abmessen der Leinen- und Leinenverschnaliung bei Vierspännern. Fahren und Beherrschen eines Vierspänners im Schritt und Trab mit vorschriftsmäßiger Leinen- und Peitschenführung geradeaus, in Wendungen auf einem Platz und im Verkehr und Fahren einer Dressurprüfung Kl. L für Zweispänner gem. Aufgabenheft zur LPO und Richtlinien Band 5. Beurteilt werden Haltung, Leinen- und Peitschenführung des Fahrers.

1.2.2 Teilprüfung Theorie:
Jeder Bewerber ist entsprechend den Anforderungen der Kl. L in jedem der 4 Prüfungsgebiete zu prüfen:
- Pferdehaltung und Umgang mit dem Pferd
- Kenntnisse im sachgemäßen Aufschirren und Anspannen, Ausspannen und Abschirren eines Vierspänners und Beherrschung der Arbeit mit der Doppellonge
- Umfassende Kenntnisse auf dem Gebiet der Fahrlehre sowie des Leistungsprüfungswesens

– Kenntnis der einschlägigen Bestimmungen des Tierschutzgesetzes, des Straßenverkehrsrechtes und des umweltverträglichen Verhaltens beim Fahren im Gelände.

2. **DFA I**
Erwerb des Leistungsabzeichens aufgrund von Turniererfolgen. Gewertet werden Turniererfolge (ausschließlich Einzelerfolge) im In- und Ausland. Im Ausland jedoch nur, wenn die Nennung durch die FN gem. Art. 121 RG erfolgt ist. Für ausländische Fahrer werden nur Turniererfolge anerkannt, die im FN-Bereich errungen wurden.
Es werden folgende Anforderungen gestellt:

2.1 6 Siege in Dressurprüfungen für Vierspänner Kl. S bzw. Ponys Kl. S mit der Wertnote 6,5 und besser
oder

2.2 10 Siege in Dressurprüfungen für Zweispänner Kl. S mit der Wertnote 6,5 und besser
oder

2.3 5 Siege in Gelände- und Streckenfahrten für Vierspänner Kl. S
oder

2.4 10 Siege in Gelände- und Streckenfahrten für Zweispänner Kl. S
oder

2.5 5 Placierungen an 1. - 5. Stelle in kombinierten Prüfungen Kl. S (mit Gelände- und Streckenfahrten) bzw. Vielseitigkeitsprüfungen für Vierspänner Kl. S
oder

2.6 10 Placierungen an 1. - 5. Stelle in kombinierten Prüfungen Kl. S (mit Gelände- und Streckenfahrten) bzw. Vielseitigkeitsprüfungen für Zweispänner Kl. S
oder

2.7 eine Placierung an 1. - 6. Stelle bei der Weltmeisterschaft der Fahrer für Vierspänner oder für Zweispänner
oder

2.8 eine Placierung an 1. - 3. Stelle bei einem CAIO (Vielseitigkeitswertung für Vierspänner oder für Zweispänner).

§ 2412

Prüfungsort, Gebühren

1. Die Prüfung kann von einem RV sowie von Ausbildungsstätten, die dem Niveau eines FN-gekennzeichneten Betriebes entsprechen, mit Genehmigung der LK durchgeführt werden.

2. Die Prüfung darf nicht in Verbindung mit PS/PLS abgehalten werden.
3. Der Termin für die Prüfung ist der LK zu melden.
4. Die Gebühren für die Prüfung sind an den Veranstalter zu entrichten.

§ 2413
Prüfungskommission
1. Jede Prüfung bzw. Teilprüfung ist durch 2 Richter abzunehmen, die hierfür besonders anerkannt sind und möglichst die Qualifikation FM besitzen.
2. Die LK beruft wenigstens einen der beiden Richter.
3. Richter und Veranstalter sind gemeinsam verantwortlich, daß keine Besorgnis der Befangenheit geltend gemacht werden kann (wenn z. B. der Richter als Fahrlehrer den Bewerber unterrichtet hat bzw. als Ausbilder oder Leiter in dem Betrieb tätig ist, in dem die Prüfung veranstaltet wird oder mit einem Bewerber verwandt ist oder dessen RV als Mitglied angehört).

§ 2414
Prüfungsergebnis
1. Die Leistungen in jeder Teilprüfung sind gem. § 58.3 LPO zu bewerten.
2. Bewerber für das **DFA III**, die nicht in jeder Teilprüfung mindestens die Note 5,0 erreicht haben, haben die Prüfung nicht bestanden.
3. Bewerber für das **DFA II**, die nicht in jeder Teilprüfung mindestens die Note 6,5 erreicht haben, haben die Prüfung nicht bestanden.

§ 2415
Wiederholung der Prüfung
1. Eine nicht bestandene Teilprüfung muß im Antragsvordruck eingetragen sein und kann innerhalb von 12 Monaten, frühestens jedoch nach 3 Monaten wiederholt werden.
2. Bei zweimaligem Nichtbestehen einer Teilprüfung ist die gesamte Prüfung zu wiederholen.

§ 2416
Urkunde, Abzeichen
Nach bestandener Prüfung oder Erwerb aufgrund von Turniererfolgen händigt die FN eine Urkunde und das Abzeichen aus.

11.2 Stichwortverzeichnis

Absteigen	79
Achenbach-Kreuzleine	109
Adrenalinausschüttung	23
aktivieren	13
Aktivierung	26
Altersgründen	41
Anspannen	79
Antraben	86
antreten	86
Anzeigen von Richtungsänderungen	133, 134
anzuhalten	87
Arbeitshaltung	51
aufgerollten Strängen	65
Aufhaltering	73
Aufnehmen der Leinen	76
aufputschen	37
Aufschirren	65
Aufsteigen	31
Aufsteigetritt	121
Ausbilder	44
Ausspannen	83
autogenen Trainings	24, 25
Backenstücke	114
Beleuchtung	127
besteigen	78
Bewegungsmöglichkeiten	41
Bewegungsvorgänge	12
Bewegungsvorstellung	11, 15, 28, 30
bewußt zu empfinden	14
Blendklappen	69, 113
Bockkissen	123
Bogenpeitsche	45, 59
Bracke	122
Bremse	125
Bremstrommel	126
Brustblattgeschirr	102
Deichsel	124
Doppelringtrense	71
Drehkranz	122
Druckbremse	126
Eigene Strategie	12
Einfahren	43

Einspännerleine	108
Einzelstunden	84, 99
entspannen	13
Entspannung und Anspannung	13, 14, 23
Erregung	13
fährst also innerlich	16
Fahren im Gelände	135
Fahrerabzeichen	135
Fahrkandaren	114
Fahrkurse	42
Fahrturnieren	9
Fahrzaum	68
Federn	123
Fehler	34
Feststellbremse	123
fetten	128
Fußbremse	126
Gebiß	69
Gebrauchshaltung	51
Gefühlseindruck	62
Gelände	40
gesundheitliche Probleme	41
Grundhaltung	50
Gruppenunterricht	84
Halle	44
Halsriemen	73
Hebelwirkung	115
Hintergeschirr	105
Hobby- und Freizeitfahrer	10
Höchstleistung	19
Innenleine	71
inneren Auge	31
inneren Film	16, 84
Kammdeckel	66
Kandaren	71, 115
Kinnkettenhaken	70, 115
Kleidung	45
Kniedecke	45
Körpergefühl	10, 14, 27
Konzentration	16, 32
Konzentrationsfähigkeit	12
Konzentrationstraining	32
Korrekturen	63
Kumt	75

Kumtgeschirr	66, 102
Kumtgürtel	75
kurze Übungen	21
Lederhandschuhe	45
Leine	70
Leinen	84
Leinenaufnehmen	78
Leinenhilfen	86
Linksheranfahren	98
Linksumkehrtwendungen	94
Linkswendungen	91
Luftgummibereifte Räder	122
mentalen Training	138
Nabe	121
Nabenblock	121
Nasenriemen	69, 114
Ölen	128
Ortscheit	124
Peitsche	45, 58
Positive Einstellung	12, 17, 34
Positive Grundeinstellung	34
querschießenden Gedanken	33
Räder	121
Rechtsheranfahren	98
Rechtsumkehrtwendung	96
Rechtswendungen	93
Reitpferd	43
Schere	124, 128
Scherenträger	104
Schlagriemen	74
Schuhwerk	45
Schulter-Atmungsübung	23
Schweifmetze	104
Schweifriemen	67, 74, 104
Schwierigkeiten	138
Selbstbewußtsein	17, 18
Selbstgespräch	18, 21, 36, 62, 100
Sellett	73
Sinneseindruck	29
Sitze	123
Spielwaage	123
Spindelbremse	126
Sprengwaage	122
stehen	88

Stimme	57, 86
Stirnriemen	113
Stockpeitsche	59
störende Gedanken	19
strafenden Peitschenhilfe	60
Straßenverkehrsordnung	131
systematische Einfahren	43
treibenden Peitschenhilfe	60
Trensengebiß	114
Üben des Peitschengebrauchs	59
Übergewicht des Reiters	41
Umgang	74
Umweltbewußtsein	135
Verkehrszeichen	132
Verkürzen beider Leinen	53
Verkürzen der Leinen um ein größeres Stück	55
Verkürzen der linken Leine	57
Verkürzen der rechten Leine	56
Verkürzen um ein bestimmtes Stück	54
verkürzte Formel	16
Verlängern beider Leinen	55
Verlängern der linken Leine	57
Verlängern der rechten Leine	56
Verlängern und Verkürzen einzelner Leinen	56
Vermessen der Leinen	84
Verpassen des Kumtgeschirrs	106
Versammelnden Peitschenhilfe	60
Vorübergehendes Verkürzen	54
Wagen besteigen	78
Wagenkasten	122, 124
Wendungen	38
Wettbewerb	37
Zentimeterweise Verkürzen	53
Zugbremse	126
Zweispännerleine	108

11.3 Literaturhinweise

ACHENBACH, BENNO VON, **Anspannen und Fahren**, Warendorf 1993

CHMIEL, KLAUS, **Pferdesportler fit gemacht**, Warendorf 1995

CONOLLY, CHRISTOPHER, SYER, JOHN, **Psychotraining für Sportler**, Reinbek 1987

DEUTSCHE REITERLICHE VEREINIGUNG E.V. (FN):
- **Aufgabenheft gem. LPO**, Warendorf 1995
- **Ausbildungs- und Prüfungsordnung**, Warendorf 1994
- **Leistungs-Prüfungs-Ordnung**, Warendorf 1994
- **Richtlinien für Reiten und Fahren**, Band 4: Pferdehaltung, Warendorf 1995
- **Richtlinien für Reiten und Fahren**, Band 5: Fahren, Warendorf 1997

EBERSPÄCHER, HANS, **Mentale Trainingsformen in der Praxis**, Oberhaching 1992

FOSTER, JUDY, PORTER, KARL, **Mentales Training**, München, Wien, Zürich 1987

GALLWEY, W. TIMOTHY, **Tennis – das innere Spiel**, München 1977

HERRIGEL, EUGEN, **Zen in der Kunst des Bogenschießens**, Bern, München, Wien 1991

HÖLZEL, PETRA U. WOLFGANG:
- **Mentales Training für Reiter**, Stuttgart 1995
- **Sicher Reiten**, Stuttgart 1994
- **Das eigene Pferd**, Stuttgart 1994

HÖLZEL, WOLFGANG, **Das Reiterabzeichen**, Stuttgart 1995

LAMPARTER, CHRISTIAN, **Die Fahrlehre**, Warendorf 1994

LOEHR, JAMES E., **Persönliche Bestform durch Mental-Training**, München, Wien, Zürich 1988

TERRY, PETER, **Mental zum Sieg**, München, Wien, Zürich 1990